Jo-Jo

Henn

Sprachbuch 3

Sprachförderheft

Erarbeitet von

Monika Budke
Anne Goecke
Gabriele Woitalla
Marion Wolf
und der
Cornelsen Redaktion
Primarstufe

Cornelsen

Jo-Jo

Sprachbuch 3
Sprachförderheft

Erarbeitet von	Monika Budke, Anne Goecke, Gabriele Woitalla, Marion Wolf und der Cornelsen Redaktion Primarstufe
Redaktion	Gabriela Korup
Illustrationen	Susann Hesselbarth, Gabriela Silveira
Umschlagillustration	Sylvia Graupner
Layoutkonzept	Heike Börner
Technische Umsetzung	tritopp, Berlin

www.cornelsen.de

Die Links zu externen Webseiten Dritter, die in diesem Lehrwerk angegeben sind, wurden vor der Drucklegung sorgfältig auf ihre Aktualität geprüft. Der Verlag übernimmt keine Gewähr für die Aktualität und den Inhalt dieser Seiten oder solcher, die mit ihnen verlinkt sind.

1. Auflage, 4. Druck 2014

Inhaltliche Änderungen vorbehalten.

Druck: Himmer AG, Augsburg

ISBN 978-3-06-082608-7

PEFC
PEFC/04-31-1549

PEFC zertifiziert
Dieses Produkt stammt aus nachhaltig bewirtschafteten Wäldern und kontrollierten Quellen.

www.pefc.de

Inhalt

Ich – Du – Wir

1 Beantworte die Fragen.

Wer rutscht fröhlich die Rutsche hinunter?

Jan rutscht fröhlich die Rutsche hinunter.

Wer hilft seinem Freund beim Klettern?

_____ hilft seinem Freund beim Klettern.

Welches Mädchen spielt Tischtennis?

_____ spielt Tischtennis.

Welche Jungen haben Streit miteinander?

_____ und _____ haben Streit miteinander.

Wer drängelt an der Rutsche?

_____ drängelt an der Rutsche.

2 Schreibe in die Sprechblasen, was die Kinder sagen.

● die Wunde

● die Sprechblase

drängeln

Leo drängelt sich vor.

Die gemeinsame Bildbetrachtung und das szenische Spiel (Sprachbuchseite 4) mit allen Kindern gemeinsam vorschalten.

Geschichtenanfänge

1 Lies zuerst den roten Hauptteil der Geschichte.
Lies dann die beiden blauen Geschichtenanfänge.
Welcher Anfang passt zum Hauptteil? Verbinde.

Geschichtenanfang 1:

Gestern wollte Lisa in
der großen Pause rutschen.
Sie stellte sich in die Reihe.

Geschichtenanfang 2:

Gestern ging ich mit meiner
Schwester auf den Spielplatz.
Wir wollten auf der neuen
Rutsche rutschen.

Hauptteil der Geschichte:

Plötzlich kam Leo auf
den Schulhof gerannt
und drängelte sich vor.
Nils und Lea sagten nichts.
Sie hatten Angst.
Lisa schimpfte:
„Leo, stell dich hinten an!"
Aber Leo hörte nicht auf Lisa.

2 Wie soll die Geschichte weitergehen?
Wähle einen Schluss und schreibe ihn auf.

3 Schreibe die ganze Geschichte in dein Heft.

Die Begriffe *Geschichtenanfang, Hauptteil* und *Ende/Schluss* müssen mit allen Kindern gemeinsam erläutert werden. Die Bilder der Aufgabe 2 im Arbeitsheft dienen als Hilfe. Es kann auch ein eigener Schluss geschrieben werden.

Nomen, Artikel, Einzahl, Mehrzahl

Nomen = Namenwort
Artikel = Begleiter (der, die, das)
Einzahl = nur eins
Mehrzahl = mehr als eins

1 Schreibe zuerst die Nomen mit ihrem Artikel in der Einzahl in die Tabelle.

	Einzahl	Mehrzahl
● 	die Tafel	die Tafeln
● 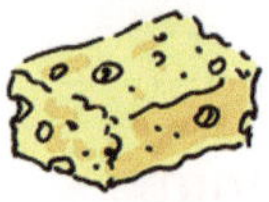		
● 		
● 		
● 		
● 		
● 		
● 		
● 		

2 Finde hier die passenden Nomen in der Mehrzahl.
Schreibe sie mit Artikel in die Tabelle oben.

Papierkörbe Köpfe Hefte Tische ~~Tafeln~~
Stühle Radiergummis Schwämme Schränke

3 Was hat sich bei den Nomen in der Mehrzahl verändert?
Übermale es gelb.

4 Verbinde Einzahl und Mehrzahl. Übermale, was sich verändert.

● der Raum ● das Land ● die Bank ● das Haus

○ die Länder ○ die Häuser ○ die Räume ○ die Bänke

Die Begriffe *Nomen, Artikel, Einzahl, Mehrzahl* und *Umlaute* sollten vorher mit allen Kindern gemeinsam wiederholt bzw. thematisiert werden.

Satzarten

Satzschlusszeichen:
Aussage . Frage ? Ausruf !

1 Luis und Emma streiten sich.
Suche dir ein anderes Kind.
Lest und spielt das Gespräch.
Achtet dabei auf die Betonung.

2 Trage die Satzschlusszeichen ein.

Woher hast du meinen Ball ?

Ich habe ihn aus der Pausenkiste

Gib mir sofort meinen Ball
Er gehört mir

Nein, du Blödmann
Dieser Ball gehört uns allen

Ich will jetzt Fußball spielen
Gibt her

So kommen wir nicht weiter
Soll ich den Streitschlichter holen

Oh ja
Das ist eine gute Idee

3 Lies den Text. Mache nach jedem Satz einen Punkt.

Emma und Luis wollen sich wieder vertragen Schnell holt Emma die Streitschlichter Sofort kommen Mesut und Lina Die vier Kinder sprechen miteinander Nach kurzer Zeit können sie den Streit schlichten

Wiederholung der *Satzschlusszeichen* mit allen Kindern gemeinsam vorschalten.

Ordnen und nachschlagen

1 Ordne die Wörter nach dem ABC.

singen lernen ~~arbeiten~~ turnen basteln malen hüpfen klettern

arbeiten,

2 Ordne diese Wörter nach dem ABC.
Welcher Buchstabe ist wichtig? Übermale ihn gelb.

ausmalen arbeiten	lernen lachen	singen springen	turnen tanzen
arbeiten			
ausmalen			

3 Ordne auch diese Wörter nach dem ABC.
Welcher Buchstabe ist hier wichtig? Übermale ihn gelb.

anrufen anfangen ankommen	helfen heben heulen	schreien schlagen schimpfen	verlaufen verraten verlieren
anfangen			
ankommen			
anrufen			

4 Welcher Buchstabe ist hier wichtig? Übermale ihn gelb.
Ordne die Wörter nach dem ABC. Schreibe Zahlen in die Kästchen.

☐ wegwischen

☐ weglaufen

☐ weggehen

☐ wegfahren

A B C D E F G H I J K L M N O P Q R S T U V W X Y Z

Das Ordnen nach dem ABC mit allen Kindern gemeinsam wiederholen
und dabei auch die Vorgehensweise bei gleichen Buchstaben besprechen.

Hier üben wir

1 Lies den Text.

Gestern gab es | in der Pause | einen bösen Streit. |
Leon hat | angefangen. | Auf einmal | schrie er |
Jenny an. | Jenny | schlug Leon | auf den Rücken. |
Plötzlich | lag Jenny | am Boden. |
Da holte Kai | die Streitschlichter. |
Die hörten sich an, | was passiert war.

2 Beantworte die Fragen.

Wann gab es Streit? Gestern ______ gab es Streit.

Wer hatte Streit? ______ hatten Streit.

Wen holte Kai? Kai holte ______

3 Schreibe den Text aus Aufgabe 1 richtig ab. Diese Tipps helfen dir.

1. Lies zuerst den ganzen Satz.
2. Merke dir einen Abschnitt, von Strich zu Strich.
3. Decke den Abschnitt zu und schreibe ihn auf.
4. Sprich beim Schreiben leise mit.
5. Decke auf, kontrolliere jedes Wort und verbessere Fehler.

Gestern ______

Herbst

1 Was gehört zusammen? Verbinde.

Die Sonne scheint.
Es ist sonnig.

Der Nebel zieht ums Haus.
Es ist neblig.

Der Wind weht.
Es ist windig.

Der Regen fällt.
Es ist regnerisch.

Bei Nebel können wir nicht gut sehen.

Regenschirme schützen uns.

Wir gehen spazieren und sammeln Kastanien.

Die Kinder lassen ihre Drachen steigen.

2 Was machst du im Herbst? Schreibe es auf und male dazu.

Die Bilder vor Bearbeitung der Arbeitsheftseite mit allen Kindern gemeinsam besprechen.

Gedichte

1 Lies die Strophe und lerne sie auswendig.
Die Bilder helfen dir.

Hui! Wie pfeift der Wind und keucht,
dass der Baum sich niederbeugt!
Seht! Den Schirm erfasst der Wind,
und der Robert fliegt geschwind
durch die Luft so hoch, so weit.
Niemand hört ihn, wenn er schreit.
An die Wolken stößt er schon
und der Hut fliegt auch davon.

2 Wo könnte Robert hinfliegen?
Male ein Bild oder schreibe es auf.

Das gesamte Gedicht muss mit allen Kindern gemeinsam vorbesprochen werden.

Verben

Verb = Tuwort

1 Lies den Text. Unterstreiche die Verben. Tipp: Du kannst elf Verben finden.

Drachenzeit

Wie bunte Vögel
fliegen die Drachen
und schlagen Purzelbäume
in der hellen Luft.
Sie tanzen
mit dem Wind,
der die Blätter schüttelt
und die Zweige biegt.

Ein feuerroter Drachen
wirbelt wild,
dreht sich im Kreis.
Er reißt sich los.
Er steigt und steigt
und ruht erst aus
auf einer Wolke
ganz nahe
am Himmel.

Erich Jooß

2 Schreibe die Verben auf.

fliegen,

3 Ordne die Windwörter in die Tabelle ein.

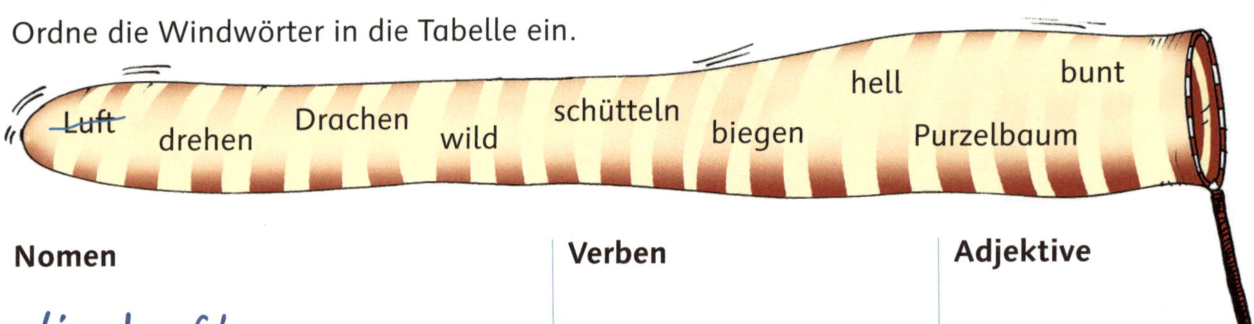

Nomen	Verben	Adjektive
die Luft		

Die Kennzeichen von Verben zuvor mit allen Kindern gemeinsam wiederholen.

Grundform und Personalform

Ich spiele mit dir.
Du spielst mit mir.
Sie spielt allein.
Er spielt mit Ben.
Wir spielen zusammen.
Ihr spielt Verstecken.
Sie (alle) spielen draußen.

Verben haben eine Grundform: ziehen
Verben haben Personalformen:
ich ziehe, du ziehst,
er zieht, sie zieht, es zieht,
wir ziehen, ihr zieht, sie (alle) ziehen

1 Was gehört zusammen? Verbinde.

ihr kommt | er schaut | wir kommen | er schafft

kommen | schauen | schaffen

ich komme | ich schaffe | ich schaue | sie (alle) schaffen

2 Bilde die Personalformen. Schreibe sie in die Tabelle.
Übermale die verschiedenen Endungen gelb.

Grundform:	**kommen**	**schieben**	**rennen**
ich	komme		
du			
er			
sie			
es			
wir			
ihr			
sie (alle)			

Die Begriffe *Grundform* und *Personalform* müssen zuvor
mit allen Kindern gemeinsam besprochen und erläutert werden.

Verlängern: b, d, g am Wortstammende

Verlängern:
Bei Nomen bilde
die Mehrzahl mit *alle*:
alle Tage – der Tag
Bei Verben suche
die Grundform:
fliegen – fliegt

1 Setze bei den Nomen den fehlenden Buchstaben ein.

g oder k?

alle We g e

● der We ___

d oder t?

alle Fel ___ er

● das Fel ___

b oder p?

alle Kör ___ e

● der Kor ___

2 Finde die passende Verlängerung. Verbinde.

3 Finde den richtigen Buchstaben. Verlängere und setze ein.

Im Wald lie g en viele Blätter. 

Ein Blatt lie ___ t im Korb. 

Die Jäger ja ___ en das Wildschwein. 

Die Katze ja ___ t die Maus. 

Die Wolken schwe ___ en am Himmel. 

Ein Luftballon schwe ___ t davon. 

Bei Regen blei ___ en viele zu Hause. 

Der Hund blei ___ t im Korb. 

Einführung bzw. Wiederholung der Wortverlängerung
zuvor mit allen Kindern gemeinsam besprechen.

Hier üben wir

1 Lies den Text.

Herbst
Die Blätter | fallen von | den Bäumen. |
Der Wind | lässt die Blätter | tanzen. |
Am Himmel | ziehen Wolken. |
Auf dem Kirchturm | dreht sich |
der Wetterhahn. |
Anne trägt | eine Mütze. | Sie schiebt |
die Hände | in die Taschen | ihrer Jacke. |

2 Was gehört zusammen? Verbinde.

Die Blätter	ziehen Wolken.
Der Wind	eine Mütze.
Am Himmel	fallen von den Bäumen.
Anne trägt	lässt die Blätter tanzen.

3 Schreibe den Text von Aufgabe 1 ab.
Denke an die Abschreib-Tipps. Oder: Lies noch mal auf Seite 9 nach.

Herbst

Der Übungstext der Sprachbuchseite 15
muss vorher inhaltlich erarbeitet sein.

Natur entdecken: Pflanzen

① 

② 

③ 

④ 

1 Ordne die Sätze den Bildern zu.

- [ ] Das Getreide ist geerntet.
- [ ] Im Kornfeld blühen rote Mohnblumen und blaue Kornblumen.
- [1] Der Winter ist vorbei, das Feld wird gepflügt.
- [ ] Auf dem Feld sind die ersten grünen Pflänzchen zu sehen.
- [ ] Hoch über dem Stoppelfeld fliegt ein Bussard.
- [ ] Ein Regenwurm kriecht durch das frisch gepflügte Feld.
- [ ] Das Kornfeld leuchtet goldgelb in der Sonne.
- [ ] Der Frühling lässt die Pflanzen wachsen.

2 Schreibe die Sätze in der richtigen Reihenfolge ins Heft.
Benutze die Monatsnamen als Überschrift.

● die Kornblume

● die Mohnblume

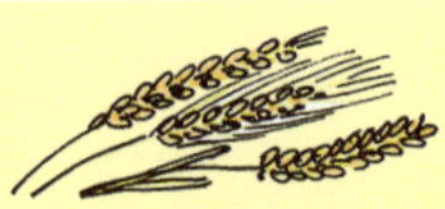
○ die Ähren

● das Getreide

● der Pflug

● der Bussard

● der Regenwurm

● der Strohballen

Die Bilder vor Bearbeitung der Arbeitsheftseite
mit allen Kindern gemeinsam besprechen.

Stichwörter für Sachtexte

Stichwörter sind wichtige Wörter.
Sie helfen dir, zu erzählen,
was in einem Text steht.

1 Lies den Text über die Getreidesorte Reis.

Reis ist die älteste Getreidesorte.
Reis ist ein wichtiges Nahrungsmittel.
In Indien und China essen viele Menschen
dreimal am Tag Mahlzeiten,
die hauptsächlich aus Reis bestehen.

2 Finde wichtige Stichwörter in dem Text über Reis.
Beantworte dazu die Fragen. Die Farben helfen dir.

Wie heißt die
älteste Getreidesorte? ____________________

Welche Bedeutung hat
Reis für die Menschen? ____________________

In welchen Ländern
wird viel Reis gegessen? ____________________

3 Lies den Text über die Getreidesorte Weizen.

Für uns in Europa ist Weizen das wichtigste Getreide.
Im Spätsommer ist der Weizen reif.
Seine Ähren tragen dicke Körner.
Die Körner werden zu Mehl gemahlen.
Aus dem Weizenmehl werden Brot, Kuchen,
Kekse und Nudeln hergestellt.

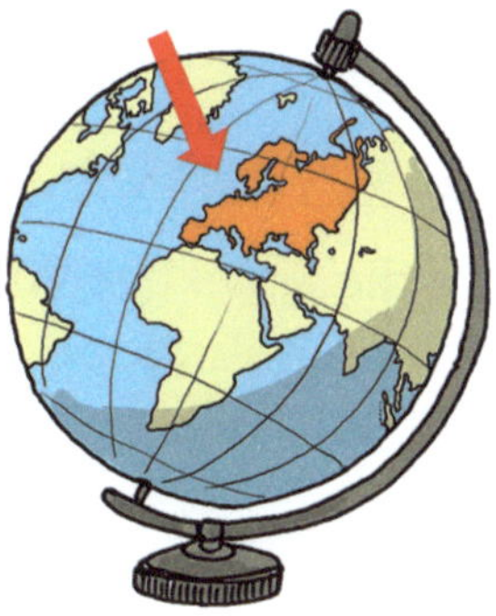

4 Finde wichtige Stichwörter in dem Text über Weizen.
Beantworte dazu die Fragen. Unterstreiche die Antworten im Text farbig.
Benutze die Farben der Fragen.

Welches Getreide wird hier beschrieben?
Wo ist Weizen das wichtigste Getreide?
Wann ist der Weizen reif?
Woraus bestehen die Ähren?
Was wird aus den Körnern gemahlen?
Was wird aus Weizenmehl hergestellt?

5 Schreibe deine Stichwörter auf einen Zettel.
Erzähle einem Partnerkind, was du über den Weizen erfahren hast.

Die Sprachbuchaufgaben 1 und 2 mit allen Kindern gemeinsam erarbeiten, anschließend wird im Arbeitsheft an einem ausgewählten Textabschnitt selbstständig gearbeitet (Textarbeit).

Adjektive

Adjektiv = Wiewort
Adjektive beschreiben,
wie etwas oder jemand ist.

1 Lies den Text. Unterstreiche die Adjektive.

Der Traktor ist neu.

Der Motor ist laut.

Das Gehäuse ist grün.

Die Räder sind groß.

Die Scheinwerfer sind hell.

Die Scheiben sind sauber.

2 Stelle die *Wie-Fragen*. Schreibe die Antworten dazu auf.

Wie ist der Traktor? neu

3 Schreibe die Adjektive vor die Nomen.
Vergleiche mit Aufgabe 1: Was hat sich bei den Adjektiven verändert?
Übermale es gelb.

hellen ~~neue~~ grüne großen sauberen laute

Der neue Traktor fährt.

Der ______ Motor knattert.

Das ______ Gehäuse glänzt.

Die ______ Räder rollen.

Die ______ Scheinwerfer leuchten.

Die ______ Scheiben sind aus Glas.

Die Kennzeichen von Adjektiven zuvor mit allen Kindern gemeinsam wiederholen (z.B. mit einem Ratespiel aus Klasse 2). Bei den flektierten Formen auf die Endungen im Singular (e) und Plural (en) aufmerksam machen.

Adjektive mit -ig und -lich

1 Unterstreiche die Adjektive. Male die Endungen -ig und -lich gelb an.

Die Brötchen sind knusprig.

Die Roggenbrote sind würzig.

Die Rosinenmännchen sind lustig.

Die Laugenbrezeln sind salzig.

Die Baguettes sind appetitlich.

2 Schreibe die Adjektive vor die Nomen.

die salzigen	Laugenbrezeln
	Roggenbrote
	Brötchen
	Baguettes
	Rosinenmännchen

3 Finde zu jedem Nomen das passende Adjektiv.

täglich festlich hungrig lustig kräftig ~~eckig~~ ängstlich freundlich

● die Ecke	● der Tag	● die Kraft	● der Hunger
eckig			
● das Fest	● die Angst	● die Lust	● der Freund

4 Schlage in der Wörterliste bei F/f nach.
Finde dort vier Adjektive mit -ig oder -lich. Schreibe sie auf.

Aufgabe 2: Auf die Flexionsendung hinweisen.
Zur Bearbeitung der Aufgabe 3 sollte zuvor Sprachbuchseite 19, Aufgabe 4 mit allen Kindern gemeinsam bearbeitet werden.

Verlängern: Adjektive

1 Schreibt man: d oder t, g oder k, -ig oder -lich?
Verlängere die Adjektive, dann hörst du, welchen Buchstaben du am Ende schreiben musst. Male die Endung gelb an.

run d — die runde Torte

● die Torte

bun ______

● das Tuch

gesun ______

● das Brot

salzi ______

● die Brezel

lan ______

● das Baguette

safti ______

● die Melone

freund ______

● der Bäcker

2 Setze die Adjektive richtig in die Lücken ein.
Achte auf die Verlängerung.

knusprig ~~lang~~ saftig witzig

Das Klassenfrühstück

Der lange Tisch ist schön gedeckt.

Die ______ Brötchen duften herrlich.

Die ______ Melonenstücke sehen lecker aus.

Die ______ Wurstbrote haben Gesichter.

Die Wortverlängerung bei Adjektiven als Rechtschreibhilfe kennen lernen, auf unterschiedliche Flexionsendungen aufmerksam machen.

Hier üben wir

1 Lies den Text. Finde zu jedem Satz das passende Bild.
Schreibe die Nummer zu dem Bild.

Beim Bäcker |
① In der Bäckerei | gibt es | viele Brotsorten. |
② Der Bäcker | bäckt sie | aus Mehl, | Salz, Wasser | und Hefe. |
③ Eine große Maschine | knetet den Teig. |
④ Der Bäcker | formt | runde Brote | und längliche | Brötchen. |
⑤ Auf einem Backblech | schiebt er | die Brote und Brötchen |
in den Backofen.

2 Ordne die Nomen nach dem ABC. Schreibe sie mit ihrem Artikel auf.

● Mehl ● Salz ● Brot ● Maschine ● Backblech ● Teig

das

3 Ordne die Verben nach dem ABC. Schreibe sie auf.

~~backen~~ kneten schieben formen geben messen holen

backen,

4 Schreibe den Text von Aufgabe 1 in dein Heft.
Denke an die Abschreib-Tipps (auf Seite 9).

1. Jo-Jo-Test

Falsche Wörter finden

1 In dem Text passen vier Wörter nicht.
Finde sie und unterstreiche sie gelb.

Draußen wird es immer herbstlicher.
Morgens auf dem Schulweg
muss Peter eine Jacke anziehen.
Die Sonne weht kräftiger und
die Tage werden immer kürzer.
Aber Peter mag den Herbst gern,
vor allem wenn es richtig windig ist.
Dann lässt er seinen Schulranzen steigen.
Mit seinen Freunden geht er dazu
extra auf einen ganz tiefen Berg.
Oft bleiben sie den ganzen Tag da
und gehen erst morgens
zum Abendbrot nach Hause.

2 Finde für jedes falsche Wort das richtige Wort.
Trage beide Wörter in die Tabelle ein.

falsches Wort	richtiges Wort

Tipp:
Wenn du nicht weißt,
wie das richtige Wort
geschrieben wird,
sieh in der Wörterliste
nach.

Wörter richtig schreiben

3 Verlängere die Wörter im Kopf und schreibe den fehlenden Buchstaben.

 ● der Köni
 ● das Pfer
 ● der Hun
 ● der Zwer
 ● das Ra
 ● der Mon
 ● der We
 ● der Wal
 ● der Win

Unpassende Wörter im Textzusammenhang durch passende ersetzen;
Rechtschreibhilfe Wortverlängerung bei Wörtern mit Auslautverhärtung einsetzen.

Nomen erkennen

4 Finde die Nomen und unterstreiche sie.

Im Garten läuft ein Igel. Der Baum hat ein rotes Blatt bekommen.
Der Hut weht vom Kopf. Die kleine Nuss passt in meine Tasche.

5 Schreibe die Nomen in der Einzahl und der Mehrzahl auf.
Schlage die Artikel in der Wörterliste nach.

Verben verändern

6 Setze die Verben in der richtigen Personalform ein.

basteln — Die Kinder ______ mit ihrem Lehrer Laubfiguren.

verteilen — Ein Mädchen ______ die Klebestifte.

bringen — Ein Junge ______ alle Blätter in die Mitte.

gehen — Dann ______ es los.

Adjektive mit -ig und -lich

7 Was gehört zusammen? Verbinde.

● der Fleiß	giftig	● der Schmutz	mutig
● das Gift	dreckig	● der Mut	blutig
● das Salz	fleißig	● der Freund	glücklich
● die Ecke	salzig	● das Blut	schmutzig
● der Dreck	eckig	● das Glück	freundlich

Nomen erkennen, mit Artikel und Mehrzahl notieren; Verben in die passende Personalform setzen, zusammengehörige Nomen und Adjektive erkennen.

Winter

1 Ordne die Satzteile dem richtigen Bild zu.

schwedische	Brennende Kerzen	sollen die Kobolde vertreiben.
dänische	Die Kalenderkerze	sollen Licht in die dunkle Jahreszeit bringen.
griechische	Die Weihnachtsfeuer	soll auf das Christfest einstimmen.

Der griechische Weihnachtsbrauch:

Der ______ Weihnachtsbrauch:

Der ______ Weihnachtsbrauch:

2 Kennst du noch einen anderen Weihnachtsbrauch?

Bilder und Texte vor Bearbeitung der Arbeitsheftseite mit allen Kindern gemeinsam besprechen.

Inhaltsangaben

1 Finde zu jedem Bild den Textabschnitt. Schreibe die Bildnummer dazu.

☐ Das Rentier brachte die Kerzen
zur kleinen Tanne
und schmückte sie damit.
So wurde die kleine Tanne
ein prächtiger Weihnachtsbaum.

☐ Eines Nachts leuchtete
ein heller Stern über dem See.
Der Stern zeigte einem Rentier
den Weg zur kleinen Tanne.

☐ Am nächsten Morgen
flog eine Taube herbei.
Die Taube führte das Rentier
zu einer Wiese, auf der
bunte Kerzen leuchteten.

1 Es war Winter und bitterlich kalt.
An einem See im Wald stand
eine kleine Tanne und fror.

2 Unterstreiche die Stichwörter im Text. Beantworte die Fragen.

Wo spielt die Geschichte? ______________________

Wer spielt in
dieser Geschichte mit? ______________________

____

Was passiert mit der Tanne? ______________________

____

Das Märchen der Sprachbuchseite 25 muss mit allen Kindern
gemeinsam vorbesprochen werden. Im Arbeitsheft:
den Inhalt einzelner Textabschnitte verstehen und zuordnen können.

Wörtliche Rede

> **!** Was gesprochen wird, heißt wörtliche Rede.
> Die wörtliche Rede steht in Redezeichen: „Hallo!“

1 Lies das Gespräch.

2 Schreibe das Gespräch geordnet auf. Setze die Redezeichen.

„Schau

3 Suche dir Mitspieler.
Übt das Gespräch und spielt es den anderen Kindern vor.

Die *wörtliche Rede* und ihre Satzzeichen müssen zuvor mit allen Kindern gemeinsam besprochen und erläutert werden.

Redebegleitsätze

> Der Redebegleitsatz gibt an, wer spricht.

1 Lies das Gespräch.
Schreibe die passenden Verben für sagen in die Redebegleitsätze.
Die Farben helfen dir.

antwortet | meint | rufen | sagt | will wissen

Tom ______________: „Wir räumen das Klassenzimmer um."

Max ______________: „Ich kann euch dabei helfen."

Sven und Lisa ______________: „Wir malen den Wald!"

Marie ______________: „Wer spielt die Taube?"

Patrik ______________: „Das wollte Sinan machen."

2 Schreibe das Gespräch ab. Achte auf Doppelpunkt und Redezeichen.

Tom sagt:

3 Unterstreiche die Redebegleitsätze blau.
Unterstreiche die wörtliche Rede rot.

umräumen

Wir räumen die Tische um.

● das Plakat

○ die Kulissen

Gemeinsame Erarbeitung der *wörtlichen Rede/des Redebegleitsatzes* mit allen Kindern.
Optische Hervorhebung der Satzstrukturen durch zweifarbiges Unterstreichen.

Merkwörter mit h (M)

Wörter mit gleichem Wortstamm gehören zu einer Wortfamilie: Fahrrad, fahren, losfahren

1 Die Lehrerin übt mit den Kindern ein neues Weihnachtslied.
Lies den Text des Liedes.
Suche das stumme h und male es gelb an.

Alle Jahre wieder
kommt die Weihnachtszeit.
Weihnachtsmann und
Weihnachtsbaum
sind dann nicht mehr weit.
Fröhlich sind die Kinder,
machen sich bereit,
basteln Weihnachtssterne,
bald ist es so weit.

2 Welche Wörter gehören zur selben Wortfamilie?
Male den Wortstamm einer Wortfamilie mit der gleichen Farbe an.

die Zahl   fahren   Weihnachten   bezahlen
zählen   wohnen   das Fahrrad   die Weihnachtskugel
der Fahrer   die Wohnung   weihnachtlich   er wohnt

3 Schreibe die Wörter geordnet auf und male das stumme h gelb an.

die

4 Finde im Text die Wörter mit stummem h und male es gelb an.

Lisa und Marie fahren mit dem Fahrrad zu Oma.
Oma wohnt in der Bahnstraße. Unterwegs kaufen sie
für Oma Blumen. Die Mädchen bezahlen die Blumen
mit ihrem Taschengeld. Bei Oma gibt es leckeren Kuchen mit Sahne.

5 Schreibe den Text in dein Heft ab. Denke an die Abschreib-Tipps.

Der Text der Sprachbuchseite 28 kann gemeinsam gelesen werden, dabei sollten Fragen zum Textverständnis geklärt werden. Im Anschluss an die Arbeit im Arbeitsheft kann ergänzend Aufgabe 3 der Sprachbuchseite bearbeitet werden, zuvor kurze Wiederholung des Begriffs *Wortfamilie*.

Hier üben wir

1 Lies den Text. Finde zu jedem Satz das passende Bild.
Schreibe die Nummer zu dem Bild.

In der Weihnachtszeit |
① Für die Weihnachtsfeier | haben die Kinder |
den Klassenraum | schön geschmückt. |
② An den Fenstern | hängen | glänzende Sterne. |
③ Die Kerzen strahlen | in warmem Licht. |
④ Die Kinder spielen | das Weihnachtsmärchen vor. |
⑤ Danach sitzen sie | fröhlich mit ihren Eltern | zusammen.

2 Welche Nomen sind hier verzaubert? Schreibe sie mit ihrem Artikel auf.

a = ✿
e = ◆
i = ❖
o = ✢
u = ⊘

● W◆❖hn✿chtsz◆❖t   ● St◆rn   ● K◆rz◆   ● L❖cht
● Kl✿ss◆   ● W◆❖hn✿chtsf◆❖◆r   ● Kl✿ss◆nr✿⊘m

die ______________________

____

____

3 Was gehört zusammen? Verbinde.

sitzen   spielen   singen   strahlen   essen

du sitzt   er singt   sie sitzen   du spielst   du isst   er strahlt   ich esse

4 Schreibe den Text von Aufgabe 1 in dein Heft ab.
Denke an die Abschreib-Tipps. Oder: Lies noch mal auf Seite 9 nach.

Das bin ich

Fragebogen für Jungen Klasse 3 a: 11 Jungen

	ja	vielleicht	nein
Lädst du Mädchen zu deinem Kindergeburtstag ein?	3	2	6

Fragebogen für Mädchen Klasse 3 a: 13 Mädchen

	ja	vielleicht	nein
Lädst du Jungen zu deinem Kindergeburtstag ein?	4	2	7

1 Beantworte die Fragen.

Wie viele Jungen laden Mädchen zum Geburtstag ein?

______ Jungen laden Mädchen ein.

Wie viele Mädchen laden Jungen zum Geburtstag ein?

______ Mädchen laden Jungen ein.

Wie viele Jungen laden keine Mädchen zum Geburtstag ein?

______ Jungen laden keine Mädchen ein.

Wie viele Mädchen laden keine Jungen zum Geburtstag ein?

______ Mädchen laden keine Jungen ein.

2 Wie viele Kinder laden vielleicht Mädchen und Jungen ein? Schreibe einen Satz.

______

______

Die Fragebogen zuvor mit allen Kindern gemeinsam besprechen und ggf. darüber diskutieren.

Briefe

1 Lies den Brief von Rosi.

> Lieber Großpapa,
> ich hasse meine neue Schule. Sie ist so groß und fremd, und ich kenne niemanden. Frau West, die Lehrerin, ist in Ordnung, aber sie setzte mich neben einen JUNGEN, der Roland Roberts heißt! Er soll sich um mich kümmern! Roland Roberts sagte: „Mädchen sind doof."
> Mädchen sind nicht doof und er soll sich nicht um mich kümmern! Ich hasse Roland Roberts! …

Martina Selway

2 Was würdest du Rosi antworten?
Schreibe ihr einen Brief.
Denke daran: Das gehört in einen Brief:
Datum, Anrede, Gruß.

Datum

Kriterien eines Briefes besprechen und die Texte zuvor mit allen Kindern gemeinsam lesen und ggf. darüber diskutieren.

Pronomen

Pronomen ersetzen Nomen:
ich, du, er/sie/es, wir, ihr, sie (alle)
sind Pronomen.

1 Setze die passenden Pronomen ein.

~~er~~ sie es wir sie (alle) sie

Tim ist mein Freund.

Er ist mein Freund.

Maria kann gut rechnen.

_____ kann gut rechnen.

Tim und Maria spielen gerne Tischtennis.

_____ spielen gerne Tischtennis.

Tim und ich mögen Hunde.

_____ mögen Hunde.

Das Kind hilft mir immer in Deutsch.

_____ hilft mir immer in Deutsch.

Meine Lehrerin findet das gut.

_____ findet das gut.

2 Unterstreiche in jedem Satz den Namen.

Mario ist klein, aber stark.
In seiner Freizeit schwimmt Mario im Verein.
Mario ist ein sehr guter Schüler.
In unserer Klasse macht Mario
meistens den Tafeldienst.

3 Schreibe den Text ab. Ersetze den Namen durch das passende Pronomen.

Mario

4 Beschreibe einen Freund oder eine Freundin.
Verwende auch manchmal das Pronomen er oder sie dabei.

Die Einführung von *Pronomen* als Ersatz für *Nomen* mit allen Kindern gemeinsam vorschalten.

Wortstamm und Endung

1 Unterstreiche in allen Wörtern den Wortstamm spiel blau.

> **!** Jedes Wort hat einen Wortstamm, der meistens gleich bleibt. Wörter mit gleichem Wortstamm gehören zu einer Wortfamilie.

Spielenachmittag · Würfelspiel · Spielesammlung · spielen
Spielkiste · Brettspiel · gespielt · Spielzimmer
Spielverpackung · Memoryspiel · Laufspiel · Lieblingsspiel
Fußballspiel · Spielidee · Fangspiel · vorspielen

2 Schreibe die Verben auf. Finde die richtige Endung und übermale sie gelb.

hüpfen	**bauen**	**spielen**	**trinken**
ich hüpfe	ich	ich	
du hüpfst	du		
er hüpft	er		
wir hüpfen	wir		
ihr hüpft	ihr		
sie hüpfen (alle)	sie		

3 Finde die richtige Endung.

Ich hüpf e mit dem Springseil.
Lara trink ___ gerne kalte Apfelschorle.
Oma und Opa geh ___ am Abend immer spazieren.
Wir bau ___ tolle Sachen aus Legosteinen.
Leo spiel ___ mit Autos.

Mit allen Kindern gemeinsam *Wortstamm* und *Endung* wiederholen.
Aufgabe 2 der Sprachbuchseite 33 könnte ggf. gemeinsam bearbeitet werden, anschließend selbstständige Bearbeitung der Arbeitsheftseite.

Viele Mitlaute nebeneinander

1 Male die Mitlaute am Wortanfang an.

Pflaster Schlauch Schnecke springen streicheln
Pflanze Schwimmbad sprechen streiten schmelzen

2 Schreibe die Wörter auf. Schreibe bei Nomen den Artikel dazu.

das

A B C D E F G H I J K L M N O P Q R S T U V W X Y Z

3 Schreibe die zusammengesetzten Nomen auf.
Denke daran: Nomen schreibt man groß.
Male alle Mitlaute am Wortanfang an.

streichen Holz = das Streichholz

schwimmen Becken =

springen Brunnen =

Schnecke (+n) Haus =

Schlauch Boot =

Wiederholung des Begriffs *Mitlaute.* Mitlauthäufung thematisieren und verdeutlichen.
Wiederholung *zusammengesetzte Nomen* (auf Fugenlaute achten und erklären).

Hier üben wir

1 Lies den Text. Finde zu jedem Satz das passende Bild.
Schreibe die Nummer zu dem Bild.

Meine Freundin

① Meine Freundin | heißt Anna. | Sie hat | ein fröhliches Gesicht | und braune Haare. |

② Wenn ich sie besuche, | spielen oder basteln wir. | Anna hat | einen großen Schrank | mit vielen | tollen Spielsachen.

③ Manchmal haben wir | auch Streit. |

④ Aber danach | vertragen wir uns wieder.

2 Was gehört zusammen?
Verbinde die Grundform der Verben mit der Personalform.

heißen   basteln   sprechen   spielen   besuchen

sie bastelt   sie spielt   sie heißt   sie besucht   sie spricht

3 Setze die Adjektive ein. Denke daran: Du musst das Adjektiv verändern.

Das Gesicht ist fröhlich. – Das fröhliche Gesicht gehört Anna.

Annas Haare sind braun. – Die ______ Haare sind lang.

Der Schrank ist groß. – Der ______ Schrank ist offen.

Die Spielsachen sind toll. – Die ______ Spielsachen liegen im Zimmer.

4 Schreibe den Text von Aufgabe 1 ab. Denke an die Abschreib-Tipps.
Oder: Lies noch mal auf Seite 9 nach.

Der Übungstext der Sprachbuchseite 35 muss vorher inhaltlich erarbeitet sein, ggf. vor Bearbeitung der Arbeitsheftseite kurze Wiederholung *Adjektive* und *Verben* (Grundform und Personalform).

www.freizeit

1 Setze die Verben und die Nomen ein.

schreibt | liest | prüft | ~~spielt~~ | findet

Nachrichten | Text | Rechtschreibprogramm | Computerspiel | Informationen

Sinan spielt jeden Tag eine Viertelstunde

ein ______________________

Papa ______________ nach der Arbeit

die ______________________ auf der Nachrichtenseite.

Sinas Schwester ______________ mit der Suchmaschine

viele ______________________ über Krokodile.

Mama ______________ am Computer

einen ______________

Eleni ______________ die Rechtschreibung

mit dem ______________________

2 Man kann den Computer zum Lesen, Schreiben, Spielen benutzen.
Wozu benutzt du den Computer? Schreibe es auf.

____

____

____

____

Bilder und Texte vor Bearbeitung der Arbeitsheftseite
mit allen Kindern gemeinsam besprechen.

Informationen für Sachtexte

1 Schreibe in die blauen Felder im Bild die Zahl des passenden Textabschnitts.

① Auf dem **Bildschirm** kannst du Texte lesen oder Bilder anschauen oder Programme finden.

② Im **Adressfeld** steht die **Internetadresse** der Suchmaschine oder der Internetseite. Die Suchmaschine ist eine Internetseite, mit der man andere Seiten finden kann.

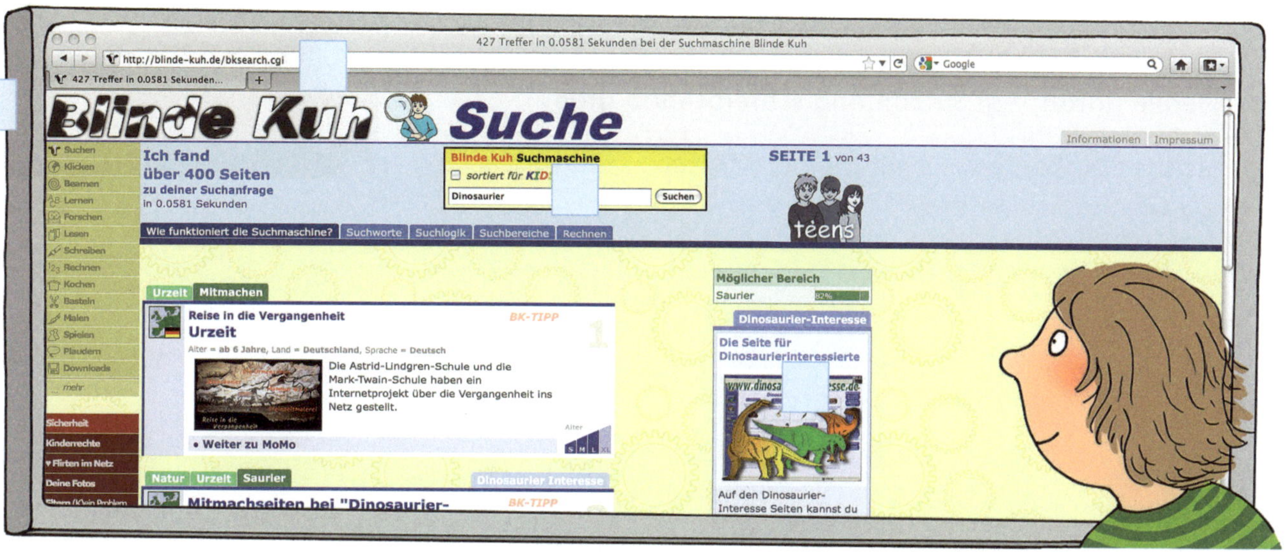

③ In das **Eingabefeld** schreibst du das Suchwort. Danach musst du auf Suchen klicken.

④ Ein **Link** ist die Verbindung zu anderen Internetseiten, auf denen du Informationen zu deinem Suchwort finden kannst.

2 Es gibt verschiedene Möglichkeiten, Informationen zu sammeln.
Lies die Texte. Verbinde sie mit dem passenden Bild.

Lilli und Fabian wollen herausfinden, welche Dinosaurier es gab. Sie finden viele Bücher zum Thema. Sie leihen die Bücher aus, die sie gut lesen können.

Beim Einkaufen hat Martin eine Zeitschrift über Katzen gefunden. Er fragt seine Mutter, ob er sie kaufen darf.

Herr Rose hat viele Kaninchen. Leo möchte von ihm wissen, was die Kaninchen fressen und wie man sie pflegen muss.

Methoden der Informationsbeschaffung vorher mit allen Kindern gemeinsam thematisieren.

Satzglieder kennen lernen

Ein Satz besteht aus mehreren Satzgliedern:
Ich | spiele | heute | mit Anna.

1 Lies die Sätze.

Ich arbeite.
Ich arbeite gerne.
Ich arbeite gerne am Computer.

2 Lasse die Sätze wachsen.
Überlege, wie du die Satzglieder anordnen möchtest.
Probiere es aus und schreibe auf, was dir am besten gefällt.
Denke daran: Am Satzanfang schreibt man groß.

ich | einkaufen | mit meiner Mutter | fahre

finde | eine Tierzeitschrift | ich | im Regal

3 Schreibe mindestens einen Satz mit diesen Satzgliedern.
Es gibt verschiedene Möglichkeiten.
Denke daran: Am Satzanfang schreibt man groß.

lese | einen Text | über Katzen | in der Zeitschrift | ich

Die Merksätze im gelben Kasten müssen vorher mit allen Kindern gemeinsam besprochen und erklärt werden.

Satzglieder umstellen

1 Lisa hat einen Satz aufgeschrieben und zerschnitten.
Vertausche die Satzglieder und schreibe alle Sätze auf.

am Sonntag | spielt | Anna | mit Till

Am

2 Was wird aus dem Satz, wenn du das Verb nach vorne stellst?

3 Stelle diesen Satz dreimal um.
Eine Umstellung soll eine Frage sein.
Schreibe die Sätze auf.

um 18 Uhr | geht | Till | nach Hause

Das Umstellen von Satzgliedern muss im Vorfeld thematisiert
und geübt werden (besonders auch Fragesätze).

Wörter mit doppeltem Mitlaut ⓦ

! Doppelte Mitlaute: z. B.
● die Suppe, ● der Roller,
● das Wasser, ● die Mutter

1 Was gehört zusammen?
Verbinde.

● Zim tref pas stel fal schwim ren

sen len men len mer nen fen

2 Schreibe die Wörter auf. Male die doppelten Mitlaute an.
Zeichne die Silbenbögen.

das Zimmer,

3 Verbinde die Grundformen mit den richtigen Personalformen.
Schreibe die Wörter auf. Male die doppelten Mitlaute an.

ich brülle du kletterst er rennt du brüllst

klettern

brüllen

rennen

er klettert sie brüllt ich renne ich klettere du rennst

brüllen: ich

klettern:

rennen:

4 Setze die Wörter in der richtigen Personalform in den Text ein.

klettern schwimmen rennen

Maria und Tom ______ aufgeregt ins Schwimmbad.

Maria ______ durch das Schwimmbecken.

Tom ______ lieber an der Kletterwand.

Eine Wiederholung zum Thema *doppelte Mitlaute* mit allen Kindern gemeinsam vorschalten.

Hier üben wir

1 Lies die Textabschnitte. Verbinde sie mit den passenden Bildern.

Sven rennt heute schnell nach Hause. Er soll im Internet Informationen über einen Fußballverein in seiner Stadt finden.

Zu Hause isst er zu Mittag. Er denkt an seine Aufgabe und freut sich. Wie das geht, haben sie in der Klasse geübt.

Nach dem Essen geht Sven in sein Zimmer und schaltet den Computer an.

Schnell findet er die Internetseite des Fußballvereins und druckt wichtige Seiten aus.

2 Finde im Text alle Wörter mit doppelten Mitlauten.
Male die doppelten Mitlaute an und schreibe die Wörter hier auf.

rennt,

3 Welche Wörter sind verwandt? Übermale sie in der gleichen Farbe.

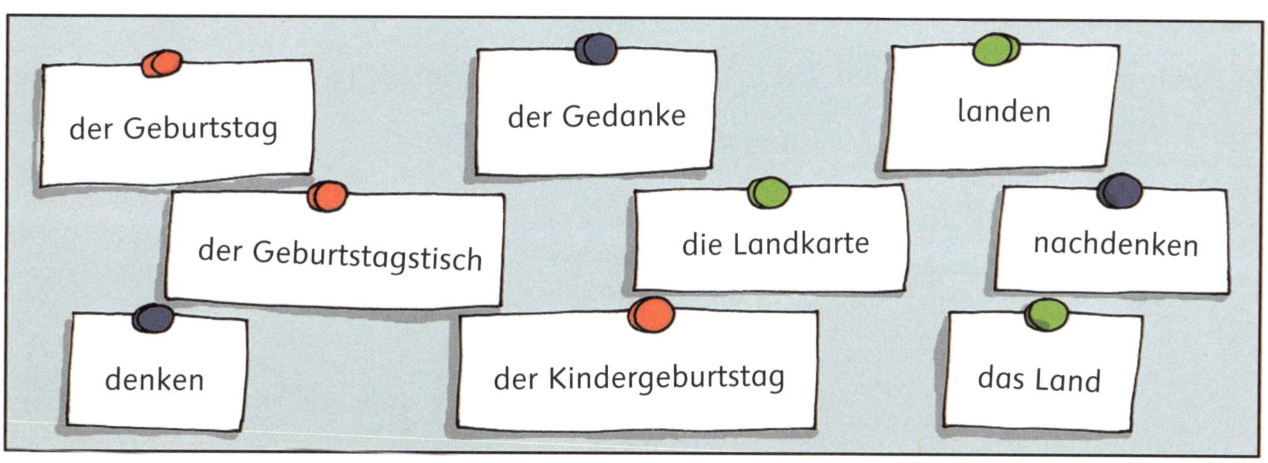

4 Schreibe die Wörter nach Wortfamilien geordnet in dein Heft.

2. Jo-Jo-Test

Wörter mit h

1 Male die Wörter einer Wortfamilie mit der gleichen Farbe an.

Gefühl | Lehrer | Anzahl | Fühler | Wohnung | belehren

bezahlen | fühlen | wohnen | Lehrling | Zahl | Bewohner

2 Setze das passende Wort in die Lücke ein. Wohnung | wohnen | Bewohner

In einem Hochhaus ____ viele Familien.

Alle ____ unseres Hauses feiern ein Sommerfest.

Meine Eltern suchen im Internet nach einer größeren ____.

Pronomen verwenden

3 Setze das richtige Pronomen ein: er oder sie.

Der Regenwurm liegt in der Pfütze.  ____ muss gerettet werden.

Hannes mag keine Tiere anfassen.  ____ ruft Lisa.

Zum Glück hat Lisa keine Angst vor Kriechtieren.

So kann  ____ den Regenwurm in Sicherheit bringen.

Sätze umstellen

4 Stelle jeden Satz einmal um. Achte auf die Zeichen am Satzende.

Auf der Wiese | steht | ein Storch.

____

Durch den Garten | laufen | drei Hasen.

____

Die kleinen Ameisen | arbeiten | fleißig.

____

Wörter mit h nach Wortfamilien ordnen und in Satzzusammenhängen verwenden; *Nomen* durch *Pronomen* ersetzen; Satzglieder umstellen.

Einen Text ordnen

5 Lisa ruft bei Max an. Sie will sich mit ihm verabreden.

Nummeriere, in welcher Reihenfolge die Kinder sprechen.
Schreibe das Gespräch mit den Redebegleitsätzen auf.
Denke an die Redezeichen.

Max meldet sich:

Lisa begrüßt ihn:

Max sagt:

Lisa fragt:

Max ruft:

Lisa verabschiedet sich:

Natur entdecken: Tiere

1 Ordne die Sätze den Bildern zu.

- [ ] Aus den Eiern schlüpfen Raupen.
- [1] Jede Schmetterlingsart hat ihre eigene Futterpflanze. Auf den Blättern der Futterpflanze legen die Schmetterlinge ihre Eier ab.
- [ ] Die Raupen verpuppen sich.
- [ ] Aus den Puppen schlüpfen die fertigen Schmetterlinge.
- [ ] Die Raupen ernähren sich von den Blättern.

2 Schreibe die Sätze in der richtigen Reihenfolge auf.

Jede

● die Futterpflanze

● die Raupe

● die Puppe

○ die Eier

Die Sprachbuchseite 44 mit allen Kindern gemeinsam bearbeiten, im Arbeitsheft findet hauptsächlich Wortschatzarbeit statt, um den Textinhalt der Seite 45 vorzubereiten.

Fragen zum Text

Das ist Maria Sibylla Merian. Sie lebte vor fast 300 Jahren.
Als Kind hat sie gerne Pflanzen und Tiere beobachtet.
Später beobachtete sie besonders gerne Schmetterlinge
und hat dabei viel über sie herausgefunden.
Maria Sibylla Merian wurde eine Naturforscherin.
Weil es zu der Zeit noch keine Fotoapparate gab,
musste sie die Tiere und Pflanzen zeichnen. So wurde
Maria Sibylla Merian außerdem eine Künstlerin.

Wusstest du, dass die Schmetterlinge einmal Raupen waren?

Jede Schmetterlingsart hat ihre eigene Futterpflanze.
Das Tagpfauenauge legt seine Eier auf der Brennnessel ab.
Aus den Eiern schlüpfen dann die Raupen, die sich
von den Blättern ernähren. Die Lieblingsbeschäftigung
der Raupen ist das Fressen. Sie fressen und fressen.
Wenn sie sich dick genug gefressen haben, verpuppen sich
die Raupen. Es dauert dann noch einige Wochen, bis
aus der Puppe ein Schmetterling schlüpft.

1 Lies die Fragen. Suche die Antworten im Text. Die Farben helfen dir.

(1) Wie heißt die Futterpflanze des Tagpfauenauges?

Die

(2) Woher kommen die Raupen?

(3) Welche Lieblingsbeschäftigung haben junge Raupen?

(4) Was macht die Raupe, wenn sie ausgewachsen ist?

2 Was wird aus der Puppe? Unterstreiche die Antwort im Text.

Den Text der Sprachbuchseite 45 mit allen Kindern gemeinsam lesen und besprechen.
Informationsentnahme aus Texten anbahnen, farbige Markierungen im Arbeitsheft als Hilfe.

Vergleichsstufen

Adjektiv = Wiewort
Mit Adjektiven kann man vergleichen.

klein

kleiner

am kleinsten

1 Setze die Adjektive in die Sätze ein.

Das Tagpfauenauge ist klein.

Der Kleine Fuchs ist ______________.

Der Bläuling ist ______________.

2 Vergleiche die Tiere. Welches ist am größten?
Schreibe mit dem Adjektiv groß Sätze wie in Aufgabe 1.

● der Elefant

● die Kuh

● die Giraffe

groß

größer

am größten

____

____

____

3 Arbeite, wie in Aufgabe 1 und 2 geübt. Vergleiche mit dem Adjektiv hoch.
Schreibe die Sätze in dein Heft.

● der Turm

● der Baum

● das Haus

hoch

höher

am höchsten

Die Aufgabe 1 der Sprachbuchseite 46 mit allen Kindern gemeinsam erarbeiten, um Funktion und Bildung von Vergleichsstufen zu verstehen.
Eventuell vorab eigene Beispiele im Klassenraum suchen und verbalisieren.

Verlängern: 1. Vergleichsstufe

> Grundstufe: lang
> 1. Vergleichsstufe: länger

1 Verbinde von diesen Adjektiven die Grundstufe mit der 1. Vergleichsstufe.

alt	länger
lang	bunter
stark	älter
bunt	wilder
wild	stärker

billig	durstiger
oft	klüger
durstig	öfter
fleißig	billiger
klug	fleißiger

2 Setze die fehlenden Buchstaben ein.

län *g* er

lan *g*

äl __ er

al __

bun __ er

bun __

dursti __ er

dursti __

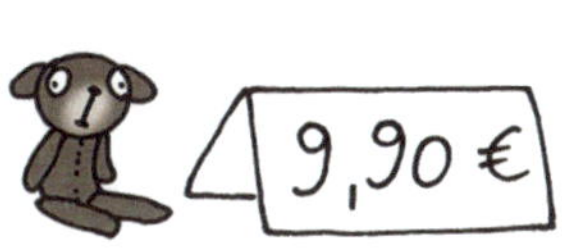

billi __ er

billi __

stär __ er

star __

3 Suche dir mindestens drei Beispiele aus und bilde damit Sätze.

Der Mann ist alt. Der Opa ist älter.

Die Aufgabe 1 der Sprachbuchseite 47 mit allen Kindern gemeinsam erarbeiten.
Mit dem vorgegebenen Wortmaterial der Aufgabe 2 eigene Sätze nach gleichem Satzmuster bilden.

Wörter mit ng und nk

1 Lies die Tierbeschreibung. Löse das Rätsel.
Zeichne das Tier und schreibe seinen Namen dazu.

Das Tier ist an seinen dunkelroten Flügeln
mit schwarzen Punkten gut zu erkennen.
Es ist sehr nützlich, denn es verschlingt
große Mengen Blattläuse.
Einige seiner Verwandten stinken sehr.

2 Unterstreiche im Tierrätsel die 5 Wörter mit ng und nk und schreibe sie auf.

ng:

nk:

3 Schreibe die Lösungswörter in die Kästchen.
Übermale die Buchstaben ng und nk im Rätselkasten gelb.

● ANFANG STINKEN ● SCHRANK TRINKEN ● FINGER ● KLINGEL

Unangenehm riechen nennt man	S	T	I	N	K	E	N
Wenn man Durst hat, muss man							
Eine Hand hat fünf							
Meine Kleidung lege ich in den							
Das Gegenteil von Ende ist							
Jedes Fahrrad braucht eine							

4 Schreibe das Adjektiv vor das Nomen.

Der Vogelpapa ist flink. der flinke Vogelpapa

Das Nest ist eng.

Der Wurm ist lang.

Die Vögel sind jung.

Ein Tierrätsel lösen, Wörter mit ng und nk üben,
Adjektive mit nk und ng flektieren.

Hier üben wir

1 Lies den Text. Finde zu jedem Satz das passende Bild.
Schreibe die Nummer zu dem Bild.

Besuch von Herrn Kempf

① Herr Kempf trifft sich mit uns auf der Wiese.
② Auf einer Wiese wachsen Blumen und Gräser.
Dort leben auch viele kleine Tiere.
③ Schmetterlinge legen ihre Eier auf Futterpflanzen.
Die Raupen fressen die Blätter und verpuppen sich.
④ Aus den Puppen schlüpfen neue Schmetterlinge.

2 Ordne die Wörter aus dem Wörterkasten nach Nomen und Verben.
Schreibe bei den Nomen ihren Artikel dazu.

Wiese schlüpfen Mensch Pflanzen
sich verpuppen wohnen Schmetterling fressen
wachsen Blätter pflücken Gräser

Nomen	**Verben**
die	

3 Schreibe den Text von Aufgabe 1 in dein Heft. Denke an die Abschreib-Tipps.

Der Übungstext der Sprachbuchseite 49
muss vorher inhaltlich erarbeitet sein.

Frühling

1 Schau genau. Setze die Blumennamen in die Lücken ein.
Die Bilder im gelben Kasten helfen dir dabei.

Auf der Blumenwiese wachsen Osterglocken, ______________________________

____

____.

In den Blumenbeeten wachsen ______________________________.

Rechts neben den Krokussen blühen ____________________.

Im Blumenbeet lebt auch ein ____________________.

● die Osterglocke
○ die Osterglocken

● der Blaustern
○ die Blausterne

● der Krokus
○ die Krokusse

● die Traubenhyazinthe
○ die Traubenhyazinthen

● das Gänseblümchen
○ die Gänseblümchen

● die Primel
○ die Primeln

● die Tulpe
○ die Tulpen

● das Schneeglöckchen
○ die Schneeglöckchen

Das Bild vor Bearbeitung der Arbeitsheftseite mit allen Kindern gemeinsam besprechen.

Steckbriefe

> **!** Stichwörter sind wichtige Wörter. Sie helfen dir, zu erzählen, was in einem Text steht.

1 Trage die unterstrichenen Stichwörter in den Steckbrief ein.

Regenwürmer gibt es fast überall auf der Welt. Sie leben in der Erde und kommen nur nachts und an Regentagen heraus. Regenwürmer werden bis zu 30 cm lang und haben eine rotbraune Farbe. Sie ernähren sich von Laub. Regenwürmer sind sehr nützliche Tiere. Sie graben sich durch die feste Erde und lockern sie auf.

Der Regenwurm

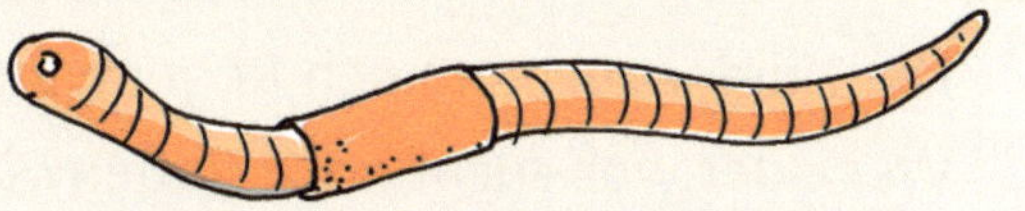

Größe: ______

Aussehen: ______

Vorkommen: ______

______

Nahrung: ______

Besonderheiten: ______

2 Unterstreiche die wichtigen Stichwörter und trage sie in den Steckbrief ein.

Marienkäfer sind kleine rote Käfer mit schwarzen Punkten. Der Siebenpunkt-Marienkäfer lebt auf der ganzen Welt und kommt in Deutschland sehr häufig vor. Er ist 1–15 mm groß. Er ernährt sich von Blattläusen. Viele Menschen nennen die Marienkäfer auch „Glückskäfer“.

Der Siebenpunkt-Marienkäfer

Größe: ______

Aussehen: ______

Vorkommen: ______

Nahrung: ______

Besonderheiten: ______

______

Bedeutung und Anwendung von Steckbriefen im Vorfeld besprechen und erklären.

Subjekt und Prädikat

! Subjekt: Wer oder was …?
Prädikat: Was tut …?

1 Die Frage Wer oder was …? hilft dir,
das Subjekt in einem Satz zu finden.
Finde das Subjekt im Satz. Unterstreiche es blau.

Die Kinder suchen nach Regenwürmern.
Wer oder was sucht nach Regenwürmern?

Die ______ suchen nach Regenwürmern.

Tatjana holt Erde aus dem Garten.
Wer oder was holt Erde aus dem Garten?

______ holt Erde aus dem Garten.

2 Die Frage Was tut …? hilft dir,
das Prädikat in einem Satz zu finden.
Finde das Prädikat im Satz. Unterstreiche es rot.

Die Kinder suchen nach Regenwürmern.
Was tun die Kinder?

Die Kinder ______ nach Regenwürmern.

Tatjana holt Erde aus dem Garten.
Was tut Tatjana?

Tatjana ______ Erde aus dem Garten.

3 Finde das Subjekt und das Prädikat.
Denke an die Fragen.
Unterstreiche das Subjekt blau.
Unterstreiche das Prädikat rot.

Till und Tatjana entdecken einen Marienkäfer.

Sie zählen die Punkte auf seinem Rücken.

Der Marienkäfer hat sieben Punkte.

Langsam krabbelt der Marienkäfer über das Blatt.

Plötzlich fliegt er davon.

Wiederholung *Satzglieder*, Bedeutung von *Subjekt* und *Prädikat* anhand der Fragestellung mit allen Kindern gemeinsam einführen.

Merkwörter mit doppeltem Selbstlaut (M)

! A/a, E/e, I/i, O/o, U/u sind Selbstlaute.

1 Schreibe die Wörter auf.
Male in jedem Wort aa, ee, oder oo an.

● der See ● das Beet ● das Moos ● das Tretboot
● ~~die Waage~~ ● das Meer ● das Paar ● der Zoo ● das Kleeblatt

die Waage

2 Setze die richtigen Wörter ein.
Male in jedem Wort aa, ee oder oo an.

Das Tretboot  fährt auf dem ______ .

Mama kauft mir ein ______  Schuhe.

Frau Maurer bereitet das ______  für die Erdbeeren vor.

Die Kinder bauen aus ______  ein Osternest.

Am Sonntag geht die Familie in den ______ .

Papa legt Äpfel auf die ______ .

Anna findet auf der Wiese ein ______ .

In den Ferien fahren wir ans ______ .

Wiederholung *doppelte Selbstlaute* mit allen Kindern gemeinsam, im Anschluss an die Arbeit im Arbeitsheft kann ergänzend Aufgabe 3 der Sprachbuchseite bearbeitet werden.

Ableiten: Wörter mit ä und äu

1 Finde zu jedem Wort mit ä und äu das passende Wort mit a und au.

- o die Zäune — der Zaun
- o die Mäntel — ______
- o die Blätter — ______
- o die Schränke — ______
- o die Sträucher — ______
- o die Bäume — ______
- o die Räder — ______
- o die Gräser — ______
- o die Mäuse — ______
- o die Äpfel — ______

2 Schreibe die Sätze mit der passenden Personalform.

tragen | festhalten | stolpern | fallen | schlafen | laufen

Lissy schläft zufrieden unter dem Apfelbaum.

Lisa klettert im Baum und ______ sich an einem Ast ______.

Plötzlich ______ ein Apfel genau auf Lissys Kopf.

Lissy erschrickt, springt auf und ______ über den Rasen.

In diesem Moment ______ Papa den Kuchen in den Garten.

Er ______ über Lissy und lässt den Kuchen fallen.

Hier üben wir

1 Was gehört zusammen? Male die Teile in gleichen Farben an.

Die Sonne	wärmt	Tiere und Pflanzen aus der Winterruhe.
Sie	kriechen	auf dem feuchten Boden.
Till	entdeckt	im Frühling die Erde.
Er	weckt	fleißig seine Beete um.
Lange Regenwürmer	gräbt	mit seinem Fahrrad spazieren.
Der Nachbar	fährt	draußen viele Dinge.

2 Schreibe die Sätze richtig auf.

Die Sonne

3 Finde in den Sätzen von Aufgabe 2 das Subjekt und das Prädikat. Denke an die Fragen.
Unterstreiche: Subjekt blau, Prädikat rot.

Wie wir leben

1 Aus welchem Land kommen die Kinder? Ordne zu. Die Farben helfen dir.

Türkei

England

Griechenland

Frankreich

Italien

2 Woher kommen die Kinder? Was sagen sie?

Derya kommt aus der Türkei. Sie sagt ______________

Riccardo kommt aus ______________. Er sagt ______________

Dimitros kommt aus ______________. Er sagt ______________

Jack kommt aus ______________. Er sagt ______________

Camille kommt aus ______________. Sie sagt ______________

3 Aus welchem Land kommst du? Wie begrüßt man sich in deiner Sprache? Schreibe deinen Satz wie in Aufgabe 2 und zeichne deine Fahne dazu. Schreibe und zeichne in dein Heft.

Die Sprachbuchseite 56 mit allen Kindern gemeinsam besprechen, die verschiedenen Sprachen entdecken und gemeinsam überlegen, was zu welchem Land gehört.

Geschichtenaufbau

Einleitung: Wer? Wann? Wo?
Hauptteil: Was ist passiert?
Schluss: Wie endet die Geschichte?

1 Lies die Geschichte. Ordne die Stichwörter dem richtigen Geschichtenteil zu. Die Farben helfen dir.

Lukas und Moritz treffen sich an einem sonnigen Samstag am See.
Sie wollen das neue Gummiboot ausprobieren.
Gemeinsam paddeln sie los.
Plötzlich schwirrt eine Wespe vor Moritz Nase.
Vor Schreck lässt er das Paddel ins Wasser fallen.
Wie sollen sie ohne Paddel zurück ans Ufer kommen?
Die Jungen haben Angst. Sie rufen laut um Hilfe.
Zum Glück werden ihre Rufe gehört und es kommt Hilfe.
Zwei Männer schwimmen zu den Kindern im Gummiboot
und bringen sie wieder ans Ufer.
Lukas und Moritz sind froh, dass sie so schnell gerettet wurden.

Einleitung: Wer? Wann? Wo?

Hauptteil: Was ist passiert?

Schluss: Wie endet die Geschichte?

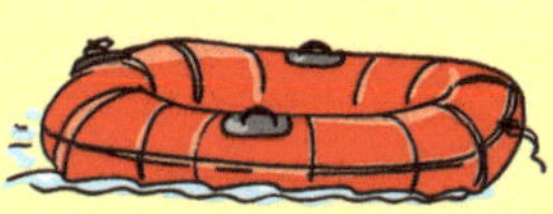

● das Gummiboot

● das Ufer

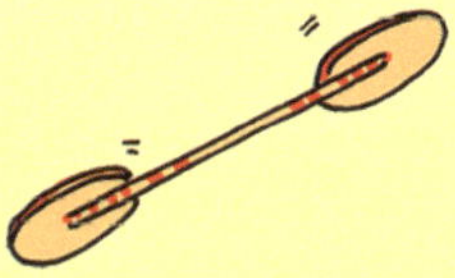

● das Paddel

paddeln

Lukas und Moritz paddeln los.

Die Einführung des Geschichtenaufbaus ausführlich mit allen Kindern gemeinsam erarbeiten. Die Arbeitsheftseite 57 ist eine Alternative zu Sprachbuchaufgabe 3.

Zusammengesetzte Nomen

Zusammengesetzte Nomen:

● Küche + ● Tisch = ● Küchentisch
Nomen + Nomen

schlafen + ● Anzug = ● Schlafanzug
Verb + Nomen

1 Lies den Text.

Leon schläft in seinem Kinderzimmer.
Plötzlich hört er ein Geräusch und wacht auf.
Er schiebt die Bettdecke zur Seite
und geht im Schlafanzug zum Fenster.
Da sieht er, wie ein Umzugswagen vor dem Nachbarhaus hält.
Er denkt: „Wer da wohl einzieht?“
Da geht die Haustür auf und zwei kräftige Möbelpacker tragen
eine Spülmaschine, einen Küchentisch und einen Kühlschrank ins Haus.

2 Finde die zusammengesetzten Nomen im Text.
Sieh genau hin, manchmal verändern sich die Wörter beim Zusammensetzen.

○ Kinder + ● Zimmer = das Kinderzimmer

● Nachbar + ● Haus = ______

● Bett + ● Decke = ______

● Umzug + ● Wagen = ______

spülen + ● Maschine = ______

baden + ● Zimmer = ______

kühlen + ● Schrank = ______

3 Trenne die zusammengesetzten Nomen.
In einem zusammengesetzten Nomen versteckt sich ein Verb.

● die Haustür = das Haus + die Tür

● die Fensterbank = ______ + ______

● das Nummernschild = ______ + ______

● das Wohnzimmer = ______ + ______

Wiederholen der zusammengesetzten Nomen mit allen Kindern gemeinsam.
Kennenlernen der Zusammensetzung Verb und Nomen.

Verben mit Wortbausteinen

1 Lies den Text. Male den Wortbaustein ver- gelb an.

Endlich sind Ferien. Tina will mit ihren Eltern verreisen.
Papa verstaut die Koffer im Auto.
„Hoffentlich haben wir nichts vergessen", sagt Mama.
„Ich musste Oma versprechen, eine Karte zu schreiben", sagt Tina.
Dann geht es endlich los.
Plötzlich ruft Papa: „Oje, wir haben uns verfahren!"
Tina und Mama versuchen, auf dem Plan den richtigen Weg zu finden.

2 Schreibe die Wörter aus dem Text mit dem Wortbaustein ver- auf.

verreisen, __________

____

3 Sieh dir die Bilder an. Ordne die Sätze den Bildern zu.
Setze den richtigen Wortbaustein ein: ab unter ver

① 

② 

③ 

____ schreiben ____ schreiben ____ schreiben

☐ Tim will die Rechenaufgabe __________

☐ Bei den Hausaufgaben will sich Tina nicht __________

☐ Mama muss die Klassenarbeit __________

4 Welches Verb passt? Verbinde.

Mama muss Papa den richtigen Weg — abschreiben / beschreiben

An der Kreuzung muss Papa links — verbiegen / abbiegen

Tina möchte mal eine Pause machen und — anhalten / behalten

Merkwörter aus anderen Sprachen (M)

1 Kennst du die Wörter?
Suche zu jedem Wort die passende deutsche Erklärung. Verbinde.

Violine	Fahrrad für das Gelände
Mountainbike	Stangenweißbrot
Kebab	am Spieß gebratene Fleischstücke
Baguette	eine Geige

2 Überlege, was das ist. Verbinde.

● Ketchup	● kurzärmeliges Oberteil
○ Pommes frites	○ Nudeln
● T-Shirt	● Pilz
● Iglu	● Legespiel
○ Spaghetti	● Kassenzettel
● Champignon	● Kartoffelstäbchen
● Puzzle	● Tomatensoße
● Bon	● Schneehaus

Herkunft und Bedeutung von Fremdwörtern kennen,
Hinweis: Zu Spaghetti und zu Pommes frites gibt es keinen Singular.

Hier üben wir

1 Lies die Textabschnitte. Verbinde sie mit den passenden Bildern.

Malte zeigt Papa sein Fremdwörterlexikon.
„Komm, wir machen ein Spiel", sagt Malte.

„Schließe die Augen und tippe auf ein Wort.
Ich lese es vor und du erklärst es."

Nach dem Spiel meint Maltes Vater:
„Manche Wörter sind schwer zu erklären.
So ein Lexikon ist eine tolle Sache."

2 Finde 10 Übungswörter im Rätselgitter
(nur waagerecht). Male sie gelb an und schreibe sie auf.

A	K	P	O	S	T	E	R	D	X	O	K	A	Y	N	W	T
M	S	A	G	T	F	Q	F	R	E	M	D	W	O	R	T	C
H	V	I	N	L	I	N	E	R	Ö	G	S	P	I	E	L	R
S	C	H	W	I	E	R	I	G	W	M	N	J	E	T	Z	T
Z	L	E	X	I	K	O	N	F	G	F	A	H	R	E	N	H

Poster,

3 Finde den richtigen Wortbaustein. Schreibe die Wörter auf.

Die Flasche muss ich gut (ver / vor) schließen.

Malte will seinem Papa aus dem Lexikon (ver / vor) lesen.

Malte will Papa das Wort Poster (er / zer) klären.

Der Übungstext der Sprachbuchseite 61 muss vorher inhaltlich erarbeitet sein.
Die Aufgabe 1 der Sprachbuchseite 61 kann wie dort eingeführt bearbeitet werden.

3. Jo-Jo-Test

Einen Text ordnen

1 Lies zuerst alle Texte. Bringe die Geschichte in die richtige Reihenfolge. Schreibe Nummern in die Kästchen.

2 Denke dir eine passende Überschrift für die Geschichte aus.

Wörter zusammensetzen

3 Bilde zusammengesetzte Nomen. Verbinde das erste Nomen mit einem passenden Nomen aus der zweiten Spalte. Schreibe die neuen Nomen auf. Denke an den Artikel.

Fuß	Tasse	
Fahrrad	Ball	
Kaffee	Umschlag	
Brief	Tour	

Einen Text durch Nummerieren ordnen, eine Überschrift finden, zusammengesetzte Nomen bilden.

4 Schreibe nur die Verben auf, die du kennst.

aus-
ab-
ein- malen
über-

______ ______ ______

5 Setze die Verben aus Aufgabe 4 in die Lücken ein.

Sarah will das Bild ______.

Leon soll das Tier von der Tafel ______.

Meine kleine Schwester darf mein Bild nicht ______.

Wortfamilien

6 In jeder Reihe gehört ein Wort nicht zur Wortfamilie. Streiche es durch.
Unterstreiche in den anderen Wörtern den Wortstamm.

Schlafwagen Schlagzeug schlafen schläfrig
Turnstange Turner Turmuhr vorturnen
Gelächter auslachen mitmachen lächeln

Vergleichsstufen bilden

7 Ordne die Adjektive richtig in die Tabelle ein.

am wärmsten | lustig | wärmer | am lustigsten
schön | groß | schöner | größer | am größten

Grundstufe	1. Vergleichsstufe	2. Vergleichsstufe
warm		
	lustiger	
		am schönsten

Zeiten und Räume

1 Lies den Text. Finde zu jedem Satz das passende Bild.
Schreibe die Nummer zu dem Bild.

① Als ich ein Baby war, habe ich manchmal geschrien.
Wenn ich dann im Kinderwagen lag, schlief ich schnell ein.

② Mit drei Jahren kam ich in den Kindergarten.
Dort spielte ich gerne in der Sandkiste.

③ An meinem fünften Geburtstag bekam ich
von Oma und Opa ein Fahrrad.

④ Als ich sechs Jahre alt war, kam ich in die Schule.
Meine Eltern schenkten mir eine große Schultüte.

2 Woran erinnerst du dich ?
Male ein Bild und schreibe auf, woran du dich
aus deiner Vergangenheit erinnerst.

3 Stelle das Bild und den Text den anderen Kindern vor.

Der Bearbeitung dieser Seite muss ein Unterrichtsgespräch mit der gesamten Klasse/
Lerngruppe vorausgehen, in dem über die eigene Vergangenheit gesprochen wird,
um so ein Bewusstsein für das Thema zu schaffen.

Texte überarbeiten

1 Lies den Text. Was fällt dir auf?

Mein erster Schultag war aufregend.

Ich bekam eine große Schultüte.

Dann gingen wir gemeinsam los.

Dann lernte ich meine Lehrerin kennen.

Dann gingen wir in unseren Klassenraum.

Dann lernte ich auch die anderen Kinder kennen.

Dann sangen alle ein Lied und dann gingen wir mit unseren Eltern nach Hause.

2 Ersetze „Dann" durch diese Satzanfänge. Schreibe sie in die Linien.
Denke an die Großschreibung am Satzanfang.

endlich | zuerst | anschließend | da | zuletzt

3 Lies die Sätze. Stelle jeden Satz einmal um.

Ich | kam | mit fünf Jahren | in den Schwimmverein .

Ich | machte | als Erstes | das Seepferdchen .

Ich | lernte | danach | den Startsprung .

Mit der ganzen Klasse gemeinsam die Geschichte der Sprachbuchseite 65 lesen und verschiedene Satzanfänge besprechen, anschließend im Arbeitsheft einen vorgegebenen Text mit Hilfe einer Auswahl von Satzanfängen überarbeiten.

Gegenwart und Vergangenheit

Gegenwart = jetzt
Vergangenheit = früher
Verben zeigen an,
in welcher Zeit erzählt wird.

1 Lies die Sätze.
Unterstreiche die Verben in den Sätzen.

Früher ging ich in den Kindergarten.
Früher spielte ich im Sandkasten.
Früher fuhr ich mit dem Dreirad.
Früher sang Mama mir ein Lied vor.
Früher las Papa mir eine Geschichte vor.

Jetzt gehe ich in die Schule.
Jetzt spiele ich am Computer.
Jetzt fahre ich auf meinem Fahrrad.
Jetzt singe ich mit anderen Kindern.
Jetzt lese ich meine Bücher selber.

2 Ordne die unterstrichenen Verben in die Tabelle ein.

Gegenwart = jetzt	Vergangenheit = früher
ich gehe	

3 Setze ein. Schreibe den Text mit den Verben in der Vergangenheit.

macht/machte — Gestern machte unsere Klasse einen Ausflug in den Zoo.

sahen/sehen — Dort ______ wir viele Tiere.

gehen/gingen — Zuerst ______ wir zu den Löwen.

finden/fanden — Am lustigsten ______ wir die Affen.

toben/tobten — Sie ______ wild auf dem Klettergerüst herum.

kaufte/kaufen — Am Ende ______ Frau Kleber für alle ein großes Eis.

Silbentrennung

Am Zeilenende kannst du Wörter trennen. Dabei musst du die Silben beachten.

1 Schwinge die Wörter.
Schreibe sie mit Trennstrichen auf.

~~Schule~~ Klasse Kinder Daumen schlafen machen stehen raten

die Schu-le, ____

____

2 Lies den Text. Setze die fehlenden Wörter ein.
Quetsche sie nicht in das Zeilenende, sondern trenne sie.

In der Schule spielen wir manchmal Daumen-
zupfen.

Das geht so: Vier Kinder stehen vor der ____
____. Die anderen tun so, als würden sie ____
____. Sie legen ihre Köpfe auf die Arme und ____
____ die Augen zu. Ein Daumen von jedem Kind
zeigt nach oben. Es ist mucksmäuschenstill.

Nun schleichen die Kinder um die schlafenden ____
____. Jeder zupft ein schlafendes Kind am ____
____.

„Aufwachen", rufen die vier, wenn sie wieder vorne ____
____. Die gezupften Kinder stehen auf. Jedes muss ____
____, von wem es gezupft wurde.

Daumenzupfen
Klasse
schlafen
machen
Kinder
Daumen
stehen
raten

Die Silbentrennung anhand der Aufgabe 1 auf der Sprachbuchseite 67 mit allen Kindern gemeinsam besprechen und erarbeiten und auf der Arbeitsheftseite 67 anwenden.

Merkwörter mit langem i-Laut (M)

1 Lies den Text. Male in allen Pronomen ih gelb an.

Frau Moser erzählt ihrer Tochter Lea,
wie es zu ihrer Kinderzeit in der Schule war:
Ihr Lieblingsfach war Rechnen.
Auch Handarbeit machte ihr viel Spaß.
In ihrem Klassenraum gab es noch keine Computer.
Ihre Lehrerin war sehr streng. Manchmal
wurde sie zur Strafe vor die Tür geschickt,
weil sie mit ihrer Tischnachbarin gesprochen hatte.
In den Pausen spielte sie mit ihren Freundinnen Seilspringen.

2 Lies die Sätze. Setze das passende Pronomen in den zweiten Satz ein.
Die Farben helfen dir.

ihnen   ihr   ihm

Frau Moser zeigt Lea das Schulmuseum.

Frau Moser zeigt ihr das Schulmuseum.

Lea berichtet Papa von dem Museumsbesuch.

Lea berichtet ______ von dem Museumsbesuch.

Lea geht mit Mama und Papa ein Eis essen.

Lea geht mit ______ ein Eis essen.

Tina schenkt Jonas ein Buch über Wale.

Tina schenkt ______ ein Buch über Wale.

Die Lehrerin erklärt den Kindern die Aufgabe.

Die Lehrerin erklärt ______ die Aufgabe.

Die Aufgabe 1 der Sprachbuchseite 68 kann mit allen Kindern gemeinsam bearbeitet werden. Die Problematik der Fälle wird nicht thematisiert. Daher werden die farbigen Rahmen eingesetzt.

Hier üben wir

1 Lies den Text. Finde zu jedem Satz das passende Bild.
Schreibe die Nummer zu dem Bild.

Die Zeit vergeht

① Die Kinder schreiben Texte über ihr Leben.
Sie haben Fotos mitgebracht oder Bilder gemalt.
② Es gibt viele unterschiedliche Bilder. Von Babys, vom ersten Zahn,
von Geburtstagen, vom Urlaub und vom ersten Schultag.
③ Die Kinder erzählen zu den Bildern:
Das bin ich als Baby, gerade geboren.
④ Hier bin ich drei Jahre. Das sind meine Kindergartenfreunde.
⑤ Mit fünf Jahren habe ich im Urlaub schwimmen und tauchen gelernt.
⑥ Mit sechs Jahren bin ich in die Schule gekommen.

2 Schreibe den ganzen Text in dein Heft ab.

3 Wie viele Nomen verstecken sich in diesen Wörtern?
Schreibe die Nomen einzeln mit ihrem Artikel auf.
Schlage die Artikel in der Wörterliste nach.

das Sportfest: der ______________________

der Geburtstag: ______________________

die Urlaubsreise: ______________________

die Kindergartenfreunde: ______________________

____

Der Übungstext der Sprachbuchseite 69 muss vorher inhaltlich erarbeitet sein.
Die Aufgabe 1 der Sprachbuchseite 69 kann wie dort eingeführt bearbeitet werden.

Sommer

①

②

③

④

1 Ordne die Sätze den Bildern zu.

	In der Wüste ist es heiß. Es gibt dort nur wenig Wasser.
	Im Meer geht ein Taucher auf Schatzsuche.
1	Kemal macht einen Handstand im Wasser.
	Es ist heiß, Timo hilft im Garten.
	Er findet ein versunkenes Schiff.
	Die Menschen müssen sich das Wasser aus dem Brunnen holen.
	Er holt seine rote Gießkanne und gießt die Blumen.
	An einem heißen Nachmittag gehen die Kinder ins Schwimmbad.

2 Schreibe die Sätze zu deinem Lieblingsbild in der richtigen Reihenfolge ins Heft.
Schreibe selber zwei Sätze dazu.

● die Wasserrutsche

● das Schiffswrack

● der Brunnen

○ die Schwimmflügel

○ die Schwimmflossen

● der Taucheranzug

● die Gießkanne

● der Eimer

● der Krug

● die Sauerstoffflasche

Die Bilder vor Bearbeitung der Arbeitsheftseite mit allen Kindern gemeinsam besprechen, um den Wortschatz bereitzustellen.

Geschichten entwickeln

1 Hier sind zwei Gedankensammlungen durcheinandergeraten.
Zu welchem Bild gehören welche Wörter?
Verbinde die Wörter mit dem passenden Bild.

Schwimmbad
Tina weint
Eisladen
das ist tief
Mutprobe
Sprungturm
Hund
hochklettern
Angst
Oma tröstet
Eis fällt runter
rufen laut
Freunde im Wasser

2 Findest du noch andere passende Wörter zu den Bildern?
Schreibe sie unter den Bildern auf.

3 Suche dir ein Bild aus. Schreibe Sätze zu dem Bild.
Benutze die Wörter aus der passenden Gedankensammlung.

Die Einführung des Begriffs *Gedankensammlung* mit allen Kindern gemeinsam erarbeiten. Die Arbeitsheftseite 71 ist eine Alternative zu Sprachbuchaufgabe 3.

Vorlieben aufschreiben und begründen

1 Kennst du diese Sportarten? Schreibe die Namen unter das richtige Bild.

Inliner fahren | schwimmen | Judo | Handball

2 Schreibe die Sätze zu Ende. Die Stichwörter helfen dir.

gern im Wasser ist	schnell rennt	gut werfen kann	gut tauchen kann
schnell flitzen kann	fair kämpfen möchte	geschickt fallen kann	

Tom mag Handball, weil er ________________.

Maja mag Schwimmen, weil sie ________________.

Nick mag Judo, weil er ________________.

Sophie mag Inliner fahren, weil sie ________________.

3 Kennst du noch andere Sportarten?
Was magst du daran? Was magst du nicht?
Schreibe auf und begründe.

Die Aufgaben 1 und 2 der Sprachbuchseite 72 können mit der gesamten Klasse bearbeitet werden. Bei der Übung im Arbeitsheft liegt der Schwerpunkt auf dem Kennenlernen der Begründung mit *weil* und dem wiederkehrenden Satzmuster.

Wortfamilien

Jedes Wort hat einen Wortstamm, der meistens gleich bleibt. Wörter mit gleichem Wortstamm gehören zu einer Wortfamilie.

1 Lies die Wörter.
Male den Wortstamm gelb an.

- Wasserhahn
- Schwimmbad
- bewässern
- Schwimmhalle
- Schwimmer
- Wasserball
- schwimmen
- Mineralwasser
- Schwimmkurs
- Trinkwasser
- Brustschwimmen
- wässrig

2 Ordne die Wörter ihrer Wortfamilie zu. Schreibe sie in die Tabelle.

Wasser-/-wasser	**Schwimm-/-schwimm**
der	

3 Setze die Wörter richtig in die Lücken ein. Du findest die Wörter in der Tabelle.

Jonas ist ein guter Schwimmer.

Im Sommer muss man den Rasen ______.

Die Kinder haben viel Spaß im ______.

Melissa und Nikolas spielen ______.

neunjährig: neun Jahre alt	**jährlich:** jedes Jahr	**jahrelang:** viele Jahre lang
Geburtsjahr: das Jahr, in dem jemand geboren wurde		**Lebensjahr:** ein Jahr des Lebens

Die Wortfamilie Jahr auf der Sprachbuchseite 73 wird mit der gesamten Klasse gemeinsam erarbeitet. Das Finden des Wortstamms und der Wortfamilie wird darum an anderem Wortmaterial weiter geübt und in Sinnzusammenhänge gebracht.

Wörter mit ck und tz

> Beim Schwingen hörst du kk.
> Beim Schreiben schreibst du ck.
> Sprechen: Glok-ke
> Schreiben: Glo-cke

1 Suche die Reimpaare. Schreibe sie auf.
Male das ck gelb an.

~~backen~~	gucken	○ Stöcke	wecken	fleckig	● Mücke
packen	● Brücke	spucken	○ Röcke	erschrecken	dreckig

backen

2 Suche die Reimpaare. Schreibe sie auf. Male das tz gelb an.

● ~~Glatze~~	sitzen	● Pfütze	kratzen	● Spatz	petzen
setzen	● Schatz	schmatzen	● Tatze	spritzen	● Mütze

Glatze

3 Lies den Text und male tz und ck in den Wörtern gelb an.

Draußen herrscht große Hitze. Die Kinder schwitzen in der Schule.
Plötzlich blitzt und donnert es. Ein schreckliches Gewitter zieht auf.
Dicke Regentropfen spritzen gegen die Fenster. Blitze zucken am Himmel.
Als alles vorbei ist, flitzen die Kinder nach draußen und spritzen in den Pfützen.

4 Schreibe Witzsätze in dein Heft.
Es sollen Wörter mit ck oder tz darin vorkommen.
Die Bilder helfen dir.

Spatz
spucken
Pfütze

Katze
Tatze
Glatze

Wörter mit tz und ck üben und als Reimwörter aufschreiben.

Hier üben wir

1 Setze die passenden Nomen in die Lückensätze ein.

● Brücke ● Gewitter ~~● Badehose~~ ● Schwimmbad

○ Pfützen ○ Räder(n) ● Badehose ● Sonne ● Eingang

Die  Badehose

Hannes und Marie treffen sich an der  ______. Sie wollen

ins  ______. Die  ______ scheint.

Vor zwei Stunden hat es ein  ______ gegeben.

Mit den  ______ fahren sie durch

große  ______. Das spritzt.

Am 

______ bezahlen sie. Dann gehen sie sich umziehen.

Marie denkt: „Wo bleibt Hannes? Was macht er bloß?“ Endlich kommt er.

Er sagt: „Ich habe meine  ______ vergessen.“

2 Suche mindestens 10 Verben im Text. Unterstreiche sie blau. Schreibe sie auf.

______

______

______

______

3 Im Text versteckt sich ein Adjektiv. Finde es und schreibe es auf: ______

4 Schreibe den Text ins Heft ab.

Der Übungstext der Sprachbuchseite 75 muss vorher inhaltlich erarbeitet sein, für Aufgabe 2 ggf. Begriffe *Nomen* und *Verb* wiederholen.

Ich liebe Bücher

1 Wenn du in eine Bibliothek gehst, kannst du zwischen verschiedenen Büchern auswählen. Wann liest du welches Buch? Ordne die Bücher zu und setze ein.

● Roman ● Reiseführer ● Wörterbuch ~~● Sachbuch~~ ● Liederbuch ● Witzebuch

Möchtest du dich über ein Thema informieren,

wählst du ein Sachbuch aus.

Möchtest du etwas erzählen und darüber lachen,

wählst du ein ______ aus.

Möchtest du eine lange Geschichte lesen,

wählst du einen ______ aus.

Möchtest du ein Lied finden, das du in der Schule gesungen hast,

wählst du ein ______ aus.

Möchtest du wissen, wie ein Wort geschrieben wird,

wählst du ein ______ aus.

Möchtest du in den Ferien mit deinen Eltern in ein fremdes Land reisen,

wählst du einen ______ aus.

2 Welches Buch würdest du wählen? Begründe deine Wahl.

______

______

● **der Roman:**
eine lange Geschichte

● **der Reiseführer:**
enthält Informationen über andere Orte und Länder

● **die Bibliothek:**
ein anderes Wort für Bücherei

Die Sprachbuchseite 76 mit allen Kindern gemeinsam besprechen und sich über das eigene Leseverhalten austauschen.

Wörtliche Rede in Geschichten

Der Redebegleitsatz gibt an, wer spricht. Nora fragt:
Die wörtliche Rede steht in Redezeichen.
„Spielst du mit mir?"

1 Oma arbeitet im Garten. Nora langweilt sich.
Schreibe das Gespräch auf.
Denke an die Redezeichen.

Nora fragt: „Oma, ______

Oma antwortet: ______

Nora nörgelt: ______

Oma schlägt vor: ______

______

Nora ruft: ______

______

Oma sagt: ______

______

______

______

Nora jubelt: ______

______

Die Sprachbuchseite 77 muss im Vorfeld gemeinsam besprochen werden (ggf. Begriffe klären).

Wörter, Wörter …

1 Ordne zu und verbinde.

Auf dem **Buchdeckel** sind der Autor, der Buchtitel, das Titelbild und der Verlag abgedruckt.

Der Autor oder die Autorin schreiben ihren Text mit der Hand oder am Computer.
Der **Verlag** ist eine Firma, die die Texte bearbeitet, die Bücher drucken lässt und in die Buchläden bringt.

Der **Autor** oder die **Autorin** hat das Buch geschrieben.

Der **Titel** ist die Überschrift oder der Name des Buches.

Die **Illustrationen** sind die gemalten Bilder in einem Buch.

Die **Blätter** sind die Seiten, auf denen Text und Bilder stehen.

Der **Buchrücken** ist die schmale Seite des Buches.

2 Fachbegriffe sind Wörter zu einem ganz bestimmten Thema oder Sachgebiet.
Hier findest du drei Fachbegriffe rund um das Thema Buch.
Setze die Fachwörter in die Sätze ein.

● Buchhandlung ● Druckerei ● Bibliothek ● ~~Manuskript~~

Ein Manuskript ist die Fassung einer Geschichte, so wie sie ein Autor oder eine Autorin aufgeschrieben hat.

In der ______________ wird das Buch gedruckt.

In der ______________ kannst du dir Bücher ausleihen.

In der ______________ kannst du dir Bücher kaufen.

Das Rätsel der Sprachbuchseite 78 gemeinsam besprechen und lösen, das themenspezifische Wortmaterial klären.

In der Bibliothek

1 Schau dir die Bücher und Zeitschriften genau an.
Ordne sie dann in das Bücherregal ein.

alphabetisch:
nach dem ABC geordnet

Signatur:
Kennzeichnung, die dir zeigt, wo du das Buch in der Bibliothek findest

Der Text der Sprachbuchseite 79 muss im Klassenverband gemeinsam besprochen werden (ggf. Begriffe klären).

4. Jo-Jo-Test

Wörter richtig schreiben

1 Finde die Reimwörter und schreibe sie auf.

● Glocke	● Spritze	backen	schmatzen	● Schnecke
● Fl	● H	p	kr	● D

Wortfamilien

2 Welche Wörter gehören zu einer Wortfamilie?
Male die Wörter einer Wortfamilie mit der gleichen Farbe an.

Großeltern | Süßstoff | heißgeliebt | Süßigkeit | Heißluftballon

größer | süß | Heißhunger | Größe | Süßspeise | groß | heiß

3 Ordne die Wortfamilien. Unterstreiche den Wortstamm.

In der Vergangenheit schreiben

4 In der 5. Klasse erinnert sich Malte an die Grundschulzeit.
Schreibe das Verb in der Vergangenheitsform in die Lücke.

Ich ______ gerne in die Grundschule.	gehe/ging
Mein Lieblingsfach ______ Mathe.	ist/war
Ich ______ sehr gut Kopfrechnen.	konnte/kann
In Deutsch ______ ich oft spannende Aufsätze.	schreibe/schrieb
In den Pausen ______ ich am liebsten Fußball.	spiele/spielte

Wörter mit ck und tz richtig schreiben; Wörter nach Wortfamilien ordnen; mit Hilfe von Auswahlmöglichkeiten einen Text in die Vergangenheit setzen.

Fragen beantworten

5 Lies den Text. Beantworte dann die Fragen in vollständigen Sätzen. Die fett gedruckten Wörter helfen dir.

So entsteht Regen

Die **Sonne erwärmt** Seen und Flüsse.
Dadurch **verdunstet Wasser**.
Die winzigen Wasserteilchen
steigen nach oben und bilden Wolken.
Oben im Himmel wird die **Luft** immer **kälter**.
In der kälteren Luft **verbinden sich**
die **Wasserteilchen** in der Wolke
zu **Wassertropfen**.
Die **Tropfen** werden größer und **schwerer**.
Schließlich können sich die **Tropfen**
in der Wolke **nicht mehr halten**.
Sie fallen als **Regen** zurück auf die Erde.

① Wie kommen die Wasserteilchen in den Himmel?
② Wie wird die Luft oben im Himmel?
③ Wie verändern sich die Wasserteilchen in der kälteren Luft?
④ Warum fängt es an zu regnen?

①

②

③

④

Wörterliste

A/a  

ablehnen
abschneiden
ähnlich
alle
allein
alt
andere
ändern, sie ändert
der Anfang, die Anfänge
anfangen, er fängt an
ängstlich
der Apfel, die Äpfel
der April
die Arbeit, die Arbeiten
arbeiten, er arbeitet
ärgerlich
der Ast, die Äste
aufhören, er hört auf
aufpassen, sie passt auf
aufstehen, sie steht auf, er stand auf
der August
das Auto, die Autos

B/b 

das Baby, die Babys
backen, sie bäckt
das Bad, die Bäder
baden, er badet
die Bahn, die Bahnen
bald
der Ball, die Bälle
der Ballon, die Ballons
das Band, die Bänder
die Bank, die Bänke
basteln, sie bastelt
bauen, sie baut
der Bauer, die Bauern
der Baum, die Bäume
der Baumstumpf, die Baumstümpfe
die Beere, die Beeren
das Beet, die Beete
beide
beißen, er beißt, er biss
beobachten, er beobachtet
der Berg, die Berge
der Bericht, die Berichte
berichten, sie berichtet
besser, am besten
bestellen
der Besuch, die Besuche
besuchen, er besucht
das Bett, die Betten
bewegen, sie bewegt
bezahlen, sie bezahlt
das Bild, die Bilder
billig
bitten, sie bittet
das Blatt, die Blätter
bleiben, er bleibt, er blieb
der Blitz, die Blitze
blitzen, es blitzt
blühen, sie blüht
die Blume, die Blumen
die Bluse, die Blusen
die Blüte, die Blüten
das Boot, die Boote
böse
brauchen, sie braucht
braun
breit
brennen, es brennt
der Brief, die Briefe
die Brille, die Brillen
bringen, er bringt, er brachte
das Brot, die Brote
die Brücke, die Brücken
der Bruder, die Brüder
brummen, sie brummt
das Buch, die Bücher
bunt
der Bus, die Busse
die Butter

C/c 

der Computer, die Computer

D/d 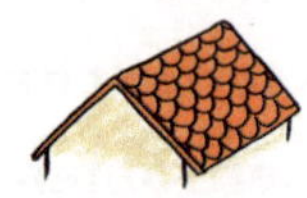

danken, sie dankt
dann
darauf
daraus
darüber
darum
decken, er deckt
denken, sie denkt, sie dachte
denn
deutsch
der Dezember
dick
der Dienstag
dir
donnern, es donnert
der Donnerstag
dort
der Drache, die Drachen
draußen
drehen, er dreht
drei
das Dromedar, die Dromedare
drucken, er druckt
dunkel
dünn
durch
dürfen, er darf

E/e

die Ecke, die Ecken
eckig
ehrlich
einige
einmal
die Eltern
eng
entdecken, sie entdeckt
die Erde
erklären, er erklärt
das Erlebnis, die Erlebnisse
die Ernte, die Ernten
ernten, er erntet
erste
erzählen, sie erzählt
essen, er isst, er aß
etwas
euch
euer

F/f

fahren, sie fährt
das Fahrrad, die Fahrräder
die Fahrt, die Fahrten
fallen, er fällt, er fiel
falsch
fangen, sie fängt
fassen, er fasst
der Februar
fehlen, sie fehlt
der Fehler, die Fehler
die Feier, die Feiern
feiern, er feiert
das Feld, die Felder
das Fenster, die Fenster
die Ferien
fernsehen, er sieht fern
fertig
fest
das Fest, die Feste
festlich
fett
feucht
das Feuer, die Feuer
finden, er findet
der Fisch, die Fische
die Flasche, die Flaschen
das Fleisch
der Fleiß
fleißig
fliegen, sie fliegt, er flog
fort
fragen, er fragt
die Frau, die Frauen
der Freitag, die Freitage
fremd
das Fremdwort, die Fremdwörter
fressen, es frisst, es fraß
freuen, sie freut sich
der Freund, die Freunde
die Freundin, die Freundinnen
freundlich
der Frieden
frieren, er friert
frisch
froh
fröhlich
früh
der Frühling
der Fuß, die Füße
das Futter
füttern, sie füttert

G/g

ganz
der Garten, die Gärten
geben, er gibt, sie gab
der Geburtstag, die Geburtstage
gefährlich
gefallen, er gefällt, er gefiel
gehen, er geht, sie ging
gelb
das Geld, die Gelder
das Gemüse
genug
gestern
gesund
gewinnen, er gewinnt
das Gewitter, die Gewitter
glänzen, sie glänzt
das Glas, die Gläser
glatt
gleich
das Gras, die Gräser
gratulieren, er gratuliert
groß
grün
die Gruppe, die Gruppen
gruselig
der Gruß, die Grüße
grüßen, sie grüßt
die Gurke, die Gurken

H/h

das Haar, die Haare
haben, er hat, du hast, sie hatte
der Hahn, die Hähne
halten, sie hält, sie hielt
hängen, es hängt, es hing
hart
das Haus, die Häuser
heben, sie hebt, er hob
das Heft, die Hefte
heilig
heiß
heißen, er heißt
helfen, sie hilft
hell
heraus
der Herbst

herein
der Herr, die Herren
das Herz, die Herzen
heute
hier
der Himmel
hinaus
hinein
das Hobby, die Hobbys
hoch, hohe, höher
der Hof, die Höfe
hohl
die Höhle, die Höhlen
holen, er holt
das Holz, die Hölzer
die Homepage
hören, er hört
die Hose, die Hosen
der Hund, die Hunde
hungrig
hüpfen, sie hüpft

I/i

der Igel, die Igel
ihm
ihn
ihnen
ihr, ihre, ihren
immer
die Information,
die Informationen
der Inliner, die Inliner
ins
die Internetseite,
die Internetseiten

J/j

die Jacke, die Jacken
jagen, er jagt
der Jäger, die Jäger
das Jahr, die Jahre
der Januar
jeder
jetzt
der Juli
der Junge, die Jungen
der Juni

K/k

der Kaffee
kalt
der Kamm, die Kämme
kämmen, sie kämmt
die Kanne, die Kannen
die Karte, die Karten
die Kartoffel,
die Kartoffeln
die Katze, die Katzen
kaufen, er kauft
kein
kennen, er kennt,
sie kannte
die Kerze, die Kerzen
die Kette, die Ketten
das Kind, die Kinder
kippen, es kippt
der Kirchturm,
die Kirchtürme
die Klasse, die Klassen
das Kleid, die Kleider
klein
klettern, er klettert
klopfen, sie klopft
der Koffer, die Koffer
kommen, er kommt,
sie kam
können, sie kann
der Kopf, die Köpfe
der Korb, die Körbe
krank
der Kreis, die Kreise
die Küche, die Küchen
der Kuchen, die Kuchen
kühl
kurz

L/l

lachen, er lacht
die Lampe, die Lampen
das Land, die Länder
langsam
langweilig
lassen, sie lässt,
sie ließ
das Laub
laufen, er läuft, sie lief
laut
leben, sie lebt
der Lebkuchen,
die Lebkuchen
lecken, er leckt
lecker
leer
legen, er legt
der Lehrer, die Lehrer
die Lehrerin,
die Lehrerinnen
leicht
lernen, sie lernt
lesen, er liest, sie las
letzte
leuchten, es leuchtet
die Leute
das Lexikon, die Lexika
das Licht, die Lichter
lieben, sie liebt
das Lied, die Lieder
liegen, er liegt, sie lag
links
das Loch, die Löcher
der Löffel, die Löffel
lösen, sie löst
die Luft, die Lüfte
luftig
lustig

M/m

machen, sie macht
das Mädchen,
die Mädchen

der Mai
malen, er malt
manche
manchmal
der Mann, die Männer
das Märchen, die Märchen
der Markt, die Märkte
der März
die Maschine,
die Maschinen
die Mathematik
das Meer, die Meere
das Mehl
mehr, am meisten
meistens
die Menge, die Mengen
der Mensch, die Menschen
messen, sie misst,
sie maß
das Messer, die Messer
die Milch
die Minute, die Minuten
mir
der Mittag, die Mittage
die Mitte
der Mittwoch
mögen, er möchte
der Monat, die Monate
der Montag
das Moos, die Moose
morgen
müde
müssen, er muss
die Mutter, die Mütter
die Mütze, die Mützen

N/n

nächste
der Name, die Namen
die Nase, die Nasen
nass
natürlich
der Nebel
nehmen, er nimmt
nennen, sie nennt
neu
nicht
nichts
der November

O/o

oben
das Obst
offen
öffnen, er öffnet
ohne
das Ohr, die Ohren
okay
der Oktober
der Onkel, die Onkel
der Ort, die Orte

P/p

das Paar, die Paare
paar
packen, sie packt
das Papier, die Papiere
parken, er parkt
passen, es passt
die Pause, die Pausen
das Pferd, die Pferde
die Pflanze, die Pflanzen
pflanzen, er pflanzt
der Pflaumenkuchen,
die Pflaumenkuchen
pflegen, er pflegt
pflücken, sie pflückt
die Pfütze, die Pfützen
der Pilz, die Pilze
das Plakat, die Plakate
der Plan, die Pläne
planen, sie plant
die Platte, die Platten
der Platz, die Plätze
plötzlich
das Poster, die Poster
die Presse, die Pressen
das Produkt, die Produkte
der Punkt, die Punkte
pünktlich
die Puppe, die Puppen
putzen, er putzt

Q/q

der Quark
die Quelle, die Quellen
quer

R/r

das Rad, die Räder
der Rand, die Ränder
der Raum, die Räume
rechnen, sie rechnet
rechts
der Regen
regnen, es regnet
reich
die Reihe, die Reihen
der Reim, die Reime
die Reise, die Reisen
reisen, er reist
reißen, sie reißt, sie riss
rennen, er rennt
richtig
riesig
der Ring, die Ringe
rollen, es rollt
der Roller, die Roller
rot
der Rücken, die Rücken
rufen, sie ruft
die Ruhe
ruhen, er ruht
rund

S/s 

der Saal, die Säle
die Sache, die Sachen
sagen, sie sagt
das Salz, die Salze
sammeln, er sammelt
der Samstag
der Sand, die Sande
satt
der Satz, die Sätze
sauber
schaffen, er schafft
scharf
scheinen, sie scheint, sie schien
schenken, er schenkt
schicken, sie schickt
schieben, er schiebt
das Schiff, die Schiffe
schlafen, er schläft, sie schlief
schlagen, sie schlägt, er schlug
schlecht
schließen, er schließt
schlimm
schlüpfen, sie schlüpfte
schmecken, es schmeckt
der Schmetterling, die Schmetterlinge
schmücken, er schmückt
der Schmutz
schmutzig
der Schnee
schnell
der Schrank, die Schränke
schreiben, sie schreibt, er schrieb
schreien, er schreit, sie schrie
der Schuh, die Schuhe
die Schule, die Schulen
die Schüssel, die Schüsseln
schwarz
schwer
die Schwester, die Schwestern
schwierig
das Schwimmbad, die Schwimmbäder
schwimmen, er schwimmt
sechs
der See, die Seen
sehen, sie sieht, sie sah
sehr
seit
selbst
senden, sie sendet
der September
setzen, er setzt
sieben, siebte
sie sind
singen, er singt
sitzen, sie sitzt
sollen, er soll
der Sommer, die Sommer
die Sonne, die Sonnen
der Sonntag
sparen, sie spart
der Spaß, die Späße
spät, später
spazieren, er spaziert
spenden, sie spendet
das Spiel, die Spiele
spielen, er spielt
die Spielsache, die Spielsachen
spitz
der Sport
sprechen, er spricht
springen, sie springt
spritzen, es spritzt
stachelig
die Stadt, die Städte
stark
stecken, er steckt
stehen, sie steht, sie stand
der Stein, die Steine
die Stelle, die Stellen
stellen, er stellt
der Stern, die Sterne
der Stift, die Stifte
still
der Stock, die Stöcke
stoßen, sie stößt, sie stieß
strahlen, er strahlt
die Straße, die Straßen
der Streit, die Streite
streiten, sie streitet
das Stück, die Stücke
die Stunde, die Stunden
suchen, sie sucht
die Suppe, die Suppen
süß

T/t 

die Tafel, die Tafeln
der Tag, die Tage
täglich
die Tante, die Tanten
tanzen, sie tanzt
die Tasche, die Taschen
die Tasse, die Tassen
tausend
der Tee
der Teig, die Teige
der Teller, die Teller
der Text, die Texte
tief
das Tier, die Tiere
der Tisch, die Tische
die Torte, die Torten
tragen, er trägt
der Trainer, die Trainer
der Traum, die Träume
treffen, er trifft
trinken, sie trinkt
trocken
der Tropfen, die Tropfen
tropfen, es tropft
trüb
das Tuch, die Tücher
die Tür, die Türen
turnen, er turnt
die Tüte, die Tüten

U/u

übeno, sie übt
über
die Übung, die Übungen
umziehen, sie zieht um
und
unten
unter
sich unterhalten,
sie unterhält sich
untersuchen,
sie untersucht
unterschiedlich
der Urlaub

V/v

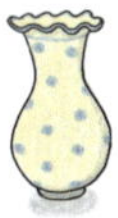

der Vater, die Väter
verfolgen, er verfolgt
vergessen, sie vergisst,
sie vergaß
der Verkehr
sich verkleiden,
er verkleidet sich
verlieren, er verliert,
sie verlor
sich verpuppen,
sie verpuppt sich
verraten, sie verrät,
sie verriet
viel, viele
vielleicht
vier
der Vogel, die Vögel
das Volk, die Völker
voll
vom
von
vor
vorsichtig

W/w

wachsen, es wächst
die Wahl, die Wahlen
wählen, er wählt
wahr
die Wahrheit
der Wald, die Wälder
die Wand, die Wände
es war
warm
wärmen, sie wärmt
waschen, er wäscht
das Wasser
wecken, sie weckt
der Weg, die Wege
wehen, er weht
weich
Weihnachten
weiß
weit
weiter
welche
wenn
werden, sie wird
werfen, er wirft
das Wetter
wieder
die Wiese, die Wiesen
der Wind, die Winde
der Winter, die Winter
wir
wissen, er weiß,
sie wusste
die Woche, die Wochen
wohnen, sie wohnt
die Wohnung,
die Wohnungen
die Wolke, die Wolken
wollen, sie will
das Wort, die Wörter
wünschen, er wünscht

Z/z

die Zahl, die Zahlen
zählen, sie zählt
zahlreich
der Zahn, die Zähne
zeichnen, er zeichnet
zeigen, er zeigt
die Zeit, die Zeiten
ziehen, sie zieht, er zog
das Ziel, die Ziele
zielen, er zielt
das Zimmer, die Zimmer
der Zoo, die Zoos
zuerst
der Zug, die Züge
zuletzt

Zur Konzeption des Jo-Jo Sprachförderhefts

Das Jo-Jo Sprachförderheft ist eng auf die Themenkapitel des Jo-Jo Sprachbuchs abgestimmt. Jeder Sprachbuchseite der zwölf Themenkapitel ist eine Seite im Förderheft zugeordnet: Seite 4 im Förderheft entspricht Seite 4 im Sprachbuch usw.

Im Jo-Jo Sprachförderheft werden die wichtigsten Inhalte und Aufgaben der Sprachbuchseiten vereinfacht aufbereitet. Dabei werden besonders auch solche Aspekte berücksichtigt, die für den **Zweitspracherwerb** relevant sind, z. B.:

- Der Wortschatz der Sprachbuchseiten wird durch Illustrationen verdeutlicht.
- Nomen erscheinen stets mit farbig gekennzeichnetem Artikel.
- Vorgaben von Satzmustern erleichtern und üben die Bildung korrekter grammatischer Strukturen.
- Wiederkehrende Übungsformate fördern das selbstständige Arbeiten.
- Aufgabenformulierungen bleiben bei gleicher Aufgabenstellung auch sprachlich gleich.
- Jo-Jo-Aufgaben bieten Differenzierungsangebote für fortgeschrittene Kinder.

Die Einführung in die Thematik der einzelnen Sprachbuchseiten findet immer gemeinsam mit allen Kindern statt. Diese Vorbereitung ist Voraussetzung für die weitgehend selbstständige Bearbeitung der Sprachförderheftseiten.

Auf zahlreichen Seiten des Sprachförderhefts wird in der Wort-Bild-Leiste der lexikalische Bereich der entsprechenden Sprachbuchseite geklärt. Das dort enthaltene Wortmaterial wird im Sprachförderheft an anderen Stellen wiederholt, sodass eine Festigung des Wortschatzes möglich wird.

Analog zum Sprachbuch werden auf verschiedenen Sprachförderheftseiten (vereinfachte) Jo-Jo-Aufgaben zur Differenzierung angeboten.

Kapitelauftaktseiten: Im Unterrichtsgespräch über die Auftaktseiten lernen die Kinder das Thema des Kapitels und den schwerpunktmäßig benötigten Wortschatz kennen. Die entsprechende Sprachförderheftseite greift Bildausschnitte aus der Sprachbuchseite auf und arbeitet in vereinfachter Form am Bildinhalt. Dabei werden insbesondere Satzmuster zur Bildbeschreibung und das Antworten in vollständigen Sätzen geübt.

Hier üben wir: Auf diesen Seiten werden die Kinder mit dem Übungstext im Sprachbuch vertraut. Zum Verständnis des Inhalts wird der Sprachbuchtext durch Bildmaterial unterstützt. Vereinfachte Sätze sollen den Bildern zugeordnet und abgeschrieben werden, so dass mehrfach mit dem Wortmaterial gearbeitet wird. Durch das Abschreiben ergibt sich ein vereinfachter kurzer Text, passend zum Übungstext im Sprachbuch, der einen großen Teil des dortigen Übungswortschatzes enthält.

Jo-Jo Testseiten: Es wurde bewusst darauf geachtet, den Testcharakter deutlich zu erhalten. Auch hier wird das semantische Verständnis durch Bilder unterstützt. Gegenüber den Sprachbuch-Testseiten wurde der Textumfang verringert, die Aufgaben, Sätze und der inhaltliche Anspruch vereinfacht. So erhalten auch die Kinder, die mit dem Sprachförderheft arbeiten, die Möglichkeit zu zeigen, was sie in den einzelnen Kapiteln an Lernzuwachs erworben haben.

Das Sprachförderheft ist für den **unterrichtsbegleitenden Einsatz** konzipiert. Es kann nach der gemeinsamen Einführung in das Thema der Sprachbuchseite als Alternativangebot zu den Sprachbuchaufgaben eingesetzt werden. Während ein Teil der Kinder die Übungen im Sprachbuch bearbeitet, können andere Kinder im Sprachförderheft bei annähernd gleicher Zielsetzung selbstständig an den sprachlich und inhaltlich aufbereiteten Aufgaben arbeiten. So werden diese Kinder durch das Sprachförderheft nicht noch mit zusätzlichen Arbeitszeiten belastet. Die Übungen sind so angelegt, dass der damit verbundene Zeitaufwand in etwa der Bearbeitung der Sprachbuchaufgaben entspricht.

Je nach Leistungsvermögen der Kinder können einzelne Sprachbuchaufgaben im Anschluss an die Arbeit im Sprachförderheft ebenfalls bearbeitet werden.

Wird das Sprachförderheft **unterrichtsvorbereitend** eingesetzt, ist es unerlässlich, dass die Aufgaben und Übungen durch die Lehrerin vorbereitet und begleitet werden.

Zur **Nachbereitung des Unterrrichts** kann das Sprachförderheft als zusätzliches Übungsmaterial, z. B. als Hausaufgabe, eingesetzt werden.